Jean D'ORNAC

L'Alliance Humaine

PARIS

MARCEL RIVIÈRE ET Cⁱᵉ

31, Rue Jacob

L'Alliance

Humaine

Jean D'ORNAC

L'Alliance Humaine

PARIS

MARCEL RIVIÈRE ET Cie

31, Rue Jacob

« Partout, en Europe, les Peuples abaissent maintenant les barrières qu'ils s'appliquaient autrefois à rendre infranchissables. *Si elles n'ont pas entièrement disparu déjà, ce ne sont pas les Peuples qu'il faut en accuser, c'est leurs gouvernements pusillanimes et arriérés.* »

Émile de Girardin.

« L'amour de la *Patrie*, c'est la haine des autres nations. »

Voltaire.

PRÉFACE

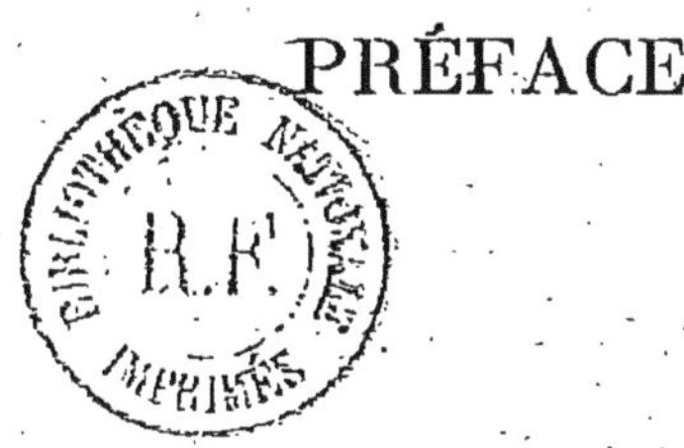

Si quelque chose, parmi les signes du temps, est de nature à encourager les efforts et les espérances de ceux qu'on a appelés les apôtres de la paix, et si quelque chose peut les rassurer contre le reproche de faire le jeu des antimilitaristes et des antipatriotes, c'est bien le nombre, chaque jour croissant, des patriotes, et des patriotes de bonne race, qui se préoccupent de leur propagande, et qui, à des titres divers, s'enrôlent tour à tour dans leurs rangs.

Hier c'était, après beaucoup d'autres, un savant et laborieux officier d'Etat-major, le capitaine Serrigny, qui, pour la seconde fois, abordant le même problème, publiait, avec une préface qu'il m'avait fait l'honneur de me demander, un important volume: *Les conséquences économiques et sociales de la prochaine guerre ;* conséquences dont la prévision, est-il besoin de le dire, n'est pas de nature à faire accepter sans terreur la seule idée d'un nouveau déchaînement de la violence internationale.

Aujourd'hui, un autre écrivain, M. Jean d'Ornac, me communique — et je l'en remercie — en me demandant, lui aussi, de la présenter au public, une étude sur ce qu'il appelle l'*Alliance Humaine*. Et ce nouvel ennemi de la guerre et du « paradoxe de la paix armée », cet homme qui ne paraît pas d'un tempérament moins énergique, va jusqu'à prévoir, en prétendant la rendre inutile, la suppression de la défense nationale. C'est avec une rondeur toute militaire qu'il aborde son sujet et formule ses anathèmes à la politique de rivalité et d'ambition. C'est comme on monte à l'assaut qu'il part en campagne contre l'éternelle patience avec laquelle nous continuons à supporter le régime honteux des rivalités internationales; et il n'hésite pas, en nous conjurant de le jeter bas, à affirmer, « après avoir étudié la question », qu'il est arrivé à cette conviction que « l'idéal de Paix peut être réalisé sans difficulté ». « Cinq représentants par Puissance », ajoute-t-il, « et quelques semaines d'organisation peuvent rendre la paix du monde définitive... »

La même hardiesse et le même entrain se retrouvent dans un passage aussi vif, et moins paradoxal qu'il n'en a l'air, de ce livre original; c'est celui où l'auteur, s'élevant au-dessus des impressions courantes, cherche à nous faire voir, dans la conscience obscure des patriotes chauvins ou nationalistes et dans celle des antipatriotes et antimilitaristes, un fonds de sentiments communs qui, aux heures décisives, les rapprocheraient peut-être malgré eux. « Si violent, dit-il, que paraisse le parti-pris de ces derniers contre le service militaire et leurs criailleries contre le drapeau, soyez sûrs que, le jour où la patrie serait réellement attaquée, ils ne seraient pas les derniers à prendre leurs fusils pour la défendre. Et si ardents que se disent les autres à partir en guerre, dans leurs discours et leurs journaux, et à réclamer à tout propos l'intervention armée de la France dans tous les incidents de la politique extérieure, il n'en est guère qui, le jour où la paix paraîtrait menacée, ne fussent prêts à protester et à réagir contre les imprudences du Gouvernement. »

Je crois la thèse exagérée ; je ne la crois pas fausse. Je crains, malheureusement, qu'il n'y

ait, dans les rangs des antimilitaristes, un
certain nombre d'exaltés qui ne reculeraient
pas, au besoin, devant les pires expédients
pour satisfaire leurs rancunes; et le notable
accroissement du nombre des insoumis,
accusé par M. d'Ornac lui-même, n'est pas
un bon symptôme. Je crains aussi qu'il n'y
ait, parmi les nationalistes, des esprits exaltés que n'arrêteraient pas les considérations
de justice et de sagesse patriotique même.
Mais je suis convaincu avec lui que ce n'est
là qu'une minorité; que la plupart de ces violents des deux bords se grisent de leurs paroles et sont, au fond, moins ennemis et moins
extrêmes qu'ils ne le pensent. Il est bien de
le croire et de ne pas trop désespérer du bon
sens et de l'honnêteté de nos concitoyens.

Mais revenons au projet de M. d'Ornac,
c'est-à-dire à son *Alliance Humaine*. Cette
Alliance ne serait rien moins, à son avis,
qu'un état nouveau, et jusqu'à présent in-

soupçonné, du monde, dans lequel, non con-
tents de vivre en paix et de se lier par des
traités d'arbitrage, les Peuples, pour donner
à leurs bonnes intentions des garanties positives et des sanctions sérieuses, se constitue-
raient en fédération et organiseraient, à frais
communs, une force commune, destinée à
mettre, le cas échéant, les perturbateurs ou
les récalcitrants à la raison.

L'idée n'est pas, à vrai dire, aussi nouvelle
que le paraît croire M. Jean d'Ornac. Elle a
été maintes fois formulée, en termes imprécis, il est vrai, par plus d'un; elle a été étu-
diée, dans son livre sur *Les sanctions internationales,* par notre ami Jacques Dumas, et
elle est devenue, dans ces dernières années,
la préoccupation constante de notre autre ami
Jacques Novicow, acharné, lui aussi, à dénoncer l'insuffisance des traités d'arbitrage
et à réclamer la *Confédération des Nations.*
Mais M. d'Ornac se distingue par son dédain

sans pitié de ce qui a été fait jusqu'à ce jour, par sa foi robuste et impatiente dans son système d'alliance et par le soin qu'il prend de nous en présenter la charte ou le code, étudié, avec une prévoyance minutieuse, jusque dans ses moindres détails.

Tous deux, Novicow et M. d'Ornac, dans leur désir de voir le monde plus assuré contre lui-même qu'il ne l'est encore, et tenant que rien n'est fait tant que tout n'est pas fait, sont sévères, à des degrés différents, pour ce qui est acquis, et volontiers tiendraient pour insignifiant, sinon pour erroné, tout le travail antérieur auquel le premier, tout au moins, a si vaillamment et (ne lui en déplaise) si utilement contribué. Nous n'aurions pas pris le bon chemin, à les en croire, en faisant, par des discours et des livres ou des articles, le procès de la guerre et en obtenant, à force de persévérante patience, des arbitrages isolés d'abord, puis des traités d'arbitrage, imparfaits, mais de plus en plus généraux et étendus. La conférence de La Haye, elle-même, avec ses deux sessions et sa permanence aujourd'hui reconnue, n'aurait été et ne serait qu'une comédie destinée à faire prendre patience aux peuples las de servir de pâture aux ambitions officielles, en attendant le moment de les envoyer plus protocolairement à la boucherie.

J'en demande pardon à ces excellents mais trop pressés ouvriers de la Paix; je ne puis accepter cette condamnation de nos efforts et des leurs, et, sans renoncer à recommander vivement la lecture de leurs plaidoyers en faveur d'un état juridique moins imparfait, je récuse absolument la rigueur excessive de leur verdict. Le rôle de l'arbitrage, même avant tout traité, a été bien autre que ne se le figure M. d'Ornac, qui paraît n'en reconnaître pour valables que quelques cas. Il n'y a pas moins de 177 sentences, relevées par notre ami La Fontaine, dans son *Histoire des arbitrages internationaux*, de 1794 à 1900, dont 90 (plus de la moitié), dans les vingt dernières années. Et il n'est pas exact de dire qu'il ne s'agit, dans toutes ces affaires, que de questions sans importance et pour lesquelles on était d'avance décidé à s'entendre. Outre qu'il n'est pas, comme l'a montré la guerre de Crimée, engagée à la suite du plus ridicule incident, si insignifiant démêlé qui ne puisse, en durant, s'envenimer jusqu'à la guerre, certaines des sentences, comme celle de l'affaire de l'*Albama*, condamnant la Grande-Bretagne à une amende de 80 millions de francs, ont éteint d'autorité, comme le pied mis, au dernier moment, sur la mèche d'une bombe prête à éclater, des conflagrations graves et qui paraissaient fatales, et introduit dans l'obscurité du droit des gens de premières lueurs, bientôt suivies d'autres.

2

Dans aucun cas d'ailleurs, et quelque dure qu'ait pu paraître parfois la sentence, les parties, si elles ont quelquefois (rarement) usé des vingt-quatre heures accordées aux plaideurs pour maudire leurs juges, n'ont essayé de se soustraire à l'arrêt prononcé; ce qui semble indiquer que la nécessité d'une police internationale, si désirable qu'on la puisse croire, n'est peut-être pas aussi urgente qu'on l'imagine. La puissance de l'opinion, de laquelle seule, vous le reconnaissez, M. d'Ornac, vous pouvez obtenir la formation de cette police, a suffi, jusqu'à présent, et elle ne paraît pas devoir s'affaiblir, pour commander aux plus récalcitrants le respect de la juridiction arbitrale. Et c'est par cette propagande des Sociétés de la Paix et des Congrès (que vous considérez comme insuffisante) que ce résultat a été obtenu.

Est-ce le seul? Et la conférence de La Haye et la Cour d'arbitrage sont-elles des événements sans importance, des *échecs,* ainsi que vous croyez pouvoir le constater ?

La Conférence de La Haye n'a pas produit, cela est certain, ce que l'on s'était trop hâté d'attendre d'elle, et sa tâche n'est pas terminée. Mais sans entreprendre ici, comme je l'ai tenté, après MM. Léon Bourgeois et Louis Renault, dans mon livre *Pour la Paix,* l'examen de ce qui a été fait et de ce qui ne l'a point été, une chose est certaine; c'est qu'un premier essai d'Etats généraux de l'humanité a été réalisé, et que l'étude ultérieure de tous les grands problèmes internationaux est désormais, sans restriction aucune, à l'ordre du jour de ces Etats généraux. Des résultats, en outre des espérances, ont été acquis. Une centaine de traités permanents d'arbitrage (le Bureau de Berne en relève quatre-vingt-dix-neuf), à la suite des rapprochements opérés dans ces réunions intergouvernementales, ont été conclus, dont une couple au moins déjà sans aucune de ces restrictions que vous condamnez avec raison et que nous n'avons cessé de dénoncer. La proposition d'un traité général liant tout l'ensemble des nations civilisées a été votée en principe par la presque unanimité des représentants des Puissances; et celle de ces Puissances qui s'y était montrée le plus opposée en est venue elle-même, dans cette affaire aussi menaçante que ridicule des déserteurs de Casablanca, à invoquer la procédure à laquelle elle avait été la plus contraire.

L'existence de la Cour d'arbitrage n'a pas, dès le premier jour, suffi à empêcher toute nouvelle explosion de la violence internationale; la guerre du Transvaal et la guerre Russo-Japonaise nous l'ont trop démontré. Elle n'a pas été inutile cependant, puisque, après avoir mis fin à une difficulté, jusqu'alors insoluble, entre le Mexique et les Etats-Unis, elle a contraint trois grandes

Puissances parties en campagne pour effectuer, *manu militari*, le recouvrement des sommes dont elles se croyaient créancières, à rappeler leurs navires et à solliciter un jugement
régulier.

L'affaire de Hull qui, sans la Commission
d'enquête instituée par les plénipotentiaires
délégués à La Haye, eût mis, le jour même,
le feu aux poudres, n'a pas été non plus un
événement insignifiant. Et nous avons quelque droit de penser que si, tout en nous laissant plus d'un sujet de n'être qu'à demi satis-
faits de la politique adoptée à la suite de la
révolution turque par quelques grandes Puissances, les choses n'ont pas été poussées à la
dernière extrémité, c'est encore à l'influence
de l'état d'esprit nouveau créé par la propagande pacifiste, et par ce que M. Léon Bourgeois a appelé la reconnaissance de la Société
des Nations, que ce résultat a été dû.

Somme toute, donc, ce n'est point un désaccord de principe qui pourrait me séparer de M. d'Ornac, c'est bien plutôt une question de conduite et d'opportunité. Nous poursuivons le même but, cela est évident. Nous voulons, et avec la même énergie, que l'état encore précaire et incertain du monde devienne, selon l'aspiration unanime de la majorité raisonnable de l'ensemble des nations, un état de paix, d'ordre, de travail et de mutuelle bienveillance, non seulement habituel, mais constant et assuré tout à la fois par la puissance de l'opinion, par la leçon incontestable des faits et par des sanctions positives et impératives. Mais — puissions-nous nous tromper ! — bien que nous ayons été longtemps qualifiés d'utopistes, et que nous ayons vu se réaliser beaucoup plus que nous n'osions espérer, il y a trente ou quarante ans, nous doutons que le moment soit encore venu d'imposer à la diplomatie l'acceptation immédiate du désarmement universel et le remplacement des armées nationales par une gendarmerie internationale, devenue la milice bienfaisante de la Paix.

Quoi qu'il en soit, des travaux comme ceux de Novicow et de M. d'Ornac, s'ils n'ont pas, malgré leur mérite, la vertu de convertir d'autorité les incrédules et de faire faire pénitence aux coupables, ne peuvent que contribuer à hâter le trop lent avènement de l'ère sans violence que nous désirons comme eux. Et nous ne saurions assez, en souhaitant de voir l'avenir nous convaincre d'avoir manqué, bien malgré nous, de la foi qui transporte les montagnes, recommander la lecture de leurs généreuses pages.

FRÉDÉRIC PASSY,
Membre de l'Institut.

Quand les socialistes affirment leur foi dans un *Monde nouveau*, meilleur, *autrement organisé que le nôtre,* les défenseurs du *Monde actuel* ont beau jeu de railler leur « *utopie* » en disant: « Mais montrez-nous donc votre organisation ? Etablissez votre projet d'avenir; nous l'étudierons de sang-froid, et s'il renferme du bon, nous l'adopterons volontiers. »

Je ne sais si les socialistes ont publié leur *plan d'avenir,* mais, Pacifiste convaincu, j'ai entendu le même reproche: « La Paix du monde? Quelle utopie! Comment organiser la Paix dans l'Humanité quand toutes les causes de conflit subsistent? Le Pacifisme n'est qu'un prétexte à belles périodes oratoires. *La preuve en est qu'un plan général d'organisation n'en a jamais été proposé!* »

Rien n'est plus faux!

Le Pacifisme est une doctrine de réalisation.

Mais puisque l'objection a été formulée, il importait de mettre l'opinion en présence d'un projet défini, simple, limité aux grands traits de la réforme mais avec assez de détails pour qu'il puisse être jugé en toute connaissance!

Loin de nous la prétention de croire que seul notre projet est réalisable. La critique en pourra faire naître d'autres, peut-être de meilleurs.

Mais personne à présent ne pourra dire: « Le Pacifisme est une *utopie.* » Le projet d'*Alliance humaine* est là. Chacun peut l'étudier, le critiquer. Il existe. Et je mets au défi les *Bellicistes* de le déclarer irréalisable!

L'Opinion, d'ailleurs, jugera!

II

Combien de fois ai-je entendu dire : « S'il ne fallait convaincre que l'Opinion française, cela pourrait être possible ; mais comment arriver à persuader l'Opinion étrangère des avantages de la *Paix du monde ?* Comment y faire adhérer les populations monarchistes qui ne reconnaissent que le *Droit divin ?* »

Aucun Peuple n'est réfractaire à la Vérité et à la Justice. Rien, à notre époque, ne passe inaperçu, et même l'étranger est plus libre de juger avec équité ce qui se passe chez nous.

Aussi est-il certain que quand une nation, quelle qu'elle soit, aura décidé de faire campagne pour la Paix du Monde, les autres nations suivront tout naturellement.

Un événement remarquable vient de se passer en Europe, quoique peu remarqué, et qui appuie notre thèse d'une preuve décisive.

Deux jugements iniques ont failli, cette année, déshonorer deux peuples chrétiens.

A Agram, en Hongrie, c'est le tribunal autrichien qui a condamné aux travaux publics à vie ou à temps cinquante-trois malheureux Serbes dont le crime le plus certain a été d'être nés Serbes, de parler Serbe, d'être vêtus comme tels. Ni les cris d'innocence des condamnés et de leurs familles, ni la consternation de la presse locale, ni la critique des journaux étrangers et de l'opinion européenne, n'avaient pu obtenir de l'empereur autrichien une atténuation de leur peine.

A Barcelone, c'est le conseil de guerre qui, sous la pression du vieil esprit réactionnaire, a condamné à mort Ferrer, républicain libre-penseur, sans qu'on ait pu prouver sa participation aux émeutes du mois d'août.

Et Ferrer, dont l'opinion déplaisait, a été froidement tué !

Alors, sous le coup monstrueux de cette infamie, l'opinion européenne entière s'est révoltée. Tous les hommes de bonne foi, tous les esprits libres et indépendants ont clamé leur horreur!

Nulle barrière n'a pu endiguer les manifestations indignées de la foule. Il fallait que l'Humanité dénonçât le crime!

Or, à ce moment précis, un décret était signé à Vienne par l'empereur François-Joseph: *les cinquante-trois condamnés d'Agram étaient graciés et mis en liberté immédiate.*

L'Autriche, qui était restée aveugle dans son injustice, voyait soudain le crime de l'Espagne, et, par un retour de conscience sur elle-même, *effaçait d'un geste la condamnation d'Agram!*

Tant il est vrai que l'Opinion d'une nation dépend de celle des autres peuples, et qu'au-dessus de la Justice d'un pays, il y a la *Justice humaine.*

Et nous voyons là une preuve absolue de

l'influence possible et certaine de l'opinion pacifiste d'un pays sur celle des autres pays.

Le jour où un Peuple entier aura manifesté sa volonté de réaliser la *Paix du monde*, sans aucun doute les autres Peuples suivront, et parmi eux régnera l'émulation générale de bien faire, et le désir de ne pas paraître encore partisans de la guerre quand la paix aura été décrétée solennellement.

Ces pages étaient écrites quand un nouveau coup de théâtre est venu confirmer notre thèse :

Devant l'émotion de toute l'Europe, manifestant son horreur pour l'exécution de Ferrer, *et quoique l'Espagne, tenue sous la férule du Dictateur Maura, n'ait aucunement indiqué son opinion sur cet acte politique,* le jeune Roi d'Espagne a cru devoir se séparer du gouvernement conservateur, dont la méthode brutale révoltait l'Europe.

Il est donc bien certain qu'à notre époque aucun Pays ne peut se croire indépendant de l'Opinion du Monde étranger. Cette certitude est bien une promesse de succès en faveur du *Pacifisme* qui, ayant conquis un Peuple, s'imposera au Monde entier par la force seule de l'Opinion, et au besoin malgré la résistance des gouvernements ou des Chefs d'Etat!

III

Il n'y a guère, à notre époque, que trois groupes de personnes qui s'intéressent au Pacifisme.

Tout d'abord, et ce sont les plus bruyants, les militants du socialisme: Eux voient surtout, dans la suppression des armées, la fin de cette période militaire trop longue que l'on impose à chaque travailleur, pendant laquelle il doit abandonner son ouvrage et perd trop souvent sa place. Le point de vue idéal est négligé par eux pour le côté utilitaire et économique. Leur Pacifisme se traduit surtout par l'antimilitarisme, par la « guerre à la guerre ».

Puis viennent les philosophes, les intellectuels qui voient dans la guerre une honte pour l'Humanité, et qui songent à préparer une ère de paix pour le monde, en propageant l'idée de fraternité des peuples. Le grand public les considère comme des utopistes. Et de fait leur critique manque d'utilité pratique. Elle n'est qu'une vague tendance contre les maux de la guerre, sans projet défini d'avenir.

Enfin, les pacifistes officiels, les diplomates des Conférences de La Haye veulent avant tout ne rien brusquer. Surpris de la rapidité et du nombre des victoires pacifistes, rendues tangibles par les traités d'arbitrage entre nations, ces esprits raisonnables veulent surtout ne rien laisser au hasard et assujettir l'idée pacifiste à une marche lente et régulière, avec arrêts prévus aux Congrès, et aboutissement probable à la généralisation des traités d'arbitrage. Pour ceux-là, le désarmement n'est pas même à envisager: l'important consiste dans les Congrès, dans les discours et dans le prix attribué à leurs plus illustres membres. Les plus décidés d'entre eux admettent cependant que le désarmement pourra être plus tard le résultat, mais un résultat secondaire, de leurs savantes combinaisons.

Entre ces trois points de vue, quel abîme à combler si l'on cherche à unir, pour une même tentative, des bonnes volontés si mal préparées à l'effort commun.

Pourtant, ces trois groupes prétendent avoir pour idéal la Paix! Mais la guerre fait moins de mal que la *Paix armée!* La guerre dure quelques mois: la Paix armée est un mal incurable. Chaque jour, les populations en subissent les souffrances. Aussi la suppression de la guerre n'est-elle qu'une partie du problème. Au contraire, en supprimant la défense nationale, le mal entier est extirpé de l'Humanité, libre alors de prendre son essor.

Pour nous donc, la question se pose simple et claire:

La guerre est-elle un crime? Si oui, doit-on la supprimer et peut-on du même coup supprimer la défense nationale, véritable chancre qui ronge l'Humanité?

Après avoir étudié la question, nous sommes arrivés à cette conviction que l'idéal de Paix peut être réalisé sans difficulté.

Cinq représentants par Puissance, quelques semaines d'organisation, et la Paix du Monde peut être définitive!

Pour le reste, rien à créer, rien à innover.

Nous adressant alors à l'opinion du monde entier, nous posons la question suivante:

« S'il est démontré qu'il est possible, à l'aide d'une organisation simple, de supprimer immédiatement la guerre, et avec elle la Paix armée, doit-on permettre aux gouvernements de ne rien faire dans cette voie ? »

L'opinion jugera si elle doit sommer les Puissances de mettre fin à une ère de barbarie qui révolte déjà Socialistes, Penseurs et Diplomates.

IV

L'étude qui suit est une œuvre de combat!

Depuis Jean - Jacques Rousseau jusqu'à Tolstoï, tous les esprits indépendants ont condamné la Guerre, comme la plus grande Honte dont ait à rougir l'Humanité.

Le czar Nicolas, Frédéric Passy, Léon Bourgeois, d'Estournelles de Constant, les Anglais W. Randal Cremer et sir Thomas Barclay, ont mis tous leurs efforts à organiser la Paix par les Congrès. Toutes les bonnes volontés ont échoué devant l'égoïsme de certaines personnalités odieuses dont le nom sera exécré à jamais par la Postérité pour avoir retardé de quelques années l'Ere nouvelle !

Mais, s'il est dit que l'effort des dirigeants doit succomber devant la mauvaise volonté d'une minorité criminelle, il faut soulever l'opinion des Peuples pour faire la Révolution nécessaire!

Il faut prouver à chacun, dans chaque nation, que seuls l'intérêt de quelques-uns et la routine d'un grand nombre, s'opposent à l'organisation définitive de la Paix!

Et il faut que les nations fassent sentir leur volonté, envers et contre tous, de tuer la Guerre maudite, et de supprimer le paradoxe de la *Paix armée*, afin de pouvoir, dans un avenir meilleur, respirer enfin librement, sans craindre, chaque jour, les conflits sanglants.

C'est au soulèvement de l'opinion des nations que nous voulons contribuer, en toute modestie, mais aussi avec l'énergie la plus farouche!

LE DRAPEAU !

Emblème de la Patrie, symbole merveilleux du lien qui unit les enfants d'une même Terre !

Lambeau d'étoffe dont les couleurs font vibrer les cœurs, et pour lequel des millions d'hommes sont prêts à se faire tuer, le Drapeau qui est bien cela, n'est-il que cela ?

Loque infâme, sans valeur, inventée pour tromper les hommes et les mieux conduire à la boucherie de la guerre ; prétexte mensonger à haïr les drapeaux qui diffèrent de couleur ou de forme ! Emblème de la sauvagerie humaine, qui se traduit par des guerres sanglantes, injustes et inutiles, le Drapeau doit-il être détesté et jeté au fumier ?

C'est déjà un signe manifeste de pouvoir poser la question.

Pour la résoudre on pourrait se battre ; des millions de patriotes pourraient demander raison de leur trahison à des millions de malheureux que la misère jette dans les théories détestables de l'antipatriotisme !

La guerre civile pourrait être déchaînée, et les familles pourraient se diviser à propos de leur croyance en la vertu du Drapeau !

Et les peuples attardés dans l'antique conservatisme pourraient railler la nouvelle révolution de la Pensée française, toujours en avance sur la Pensée humaine !

Aux théories néfastes des anarchistes intellectuels, les patriotes opposeraient la preuve historique, le roman merveilleux et superbe des peuples associés à l'existence de leur Drapeau, vivant pour lui et par lui, mourant pour lui aussi.

A quoi les révolutionnaires répondraient qu'ils sont las de servir de chair à canon, las de s'entretuer avec des hommes qu'ils ignorent, qu'ils n'aiment ni ne détestent, mais qui ont droit comme eux-mêmes à l'existence!

Et quelques-uns ajouteraient: « Que nous importe d'être Français ou Turc? Quel avantage présente pour nous le drapeau Tricolore, sur le drapeau Rouge percé du Croissant ottoman? A bas la Patrie, à bas le Drapeau! »

Pour rester dans la Vérité stricte, dans l'Equité parfaite, quel Empire faut-il garder sur soi-même afin de maintenir sa Raison dans les limites de la Justice!

Et surtout de quel sang-froid doit-on faire preuve, pour affronter sans trembler l'ironie des uns, la haine des autres!

Eh bien, il faut avoir le courage de le dire: Patriotes et Antipatriotes ont raison! Leurs deux opinions sont également bonnes, et l'abîme qui semble les séparer n'est qu'un malentendu que la moindre discussion sincère doit supprimer!

Avant tout, il faut mettre au point les expressions extrêmes, les paroles exagérées prononcées dans l'énervement de la polémique.

Ceux qu'on appelle *antipatriotes* ne le sont pas, ne l'ont jamais été! D'ailleurs, ce sont les mêmes hommes qui affichent la théorie subversive du « Drapeau au fumier! » et qui savent si bien le défendre quand on leur confie un fusil!

Puis ces Révolutionnaires n'ont jamais désigné le Drapeau qu'ils abhorrent! Est-ce celui de leur Patrie? Certes non — autant supposer qu'ils haïssent leurs intérêts propres, leur foyer, leur famille!

Ayons donc le courage de nous élever bien haut par dessus les contingences immédiates de notre milieu. Et applaudissons aux théories diverses dans ce qu'elles ont d'admirable.

Oui, c'est un emblème merveilleux que le Drapeau de la Patrie qui groupe autour de lui les enfants d'une même terre, comme se groupent autour de l'aïeul les fils d'une même race, d'une même lignée.

Mais honte au lambeau colorié que des ambitieux arborent pour déchaîner l'une contre l'autre deux nations, aptes à fraterniser. Honte au Drapeau, s'il n'est qu'un moyen de diviser les peuples, et d'engendrer la guerre!

Honneur au Drapeau qui réunit sous ses plis les hommes qui se comprennent!

Honte au Drapeau qui rend ennemis des hommes au langage différent!

Celui-là doit être détesté et déchiré par les meilleurs patriotes, comme serait lacéré par tous les Français, l'emblème qu'un ambitieux Bourguignon exhiberait, pour opposer la race de Bourgogne aux autres races de France !

Ainsi peuvent s'entendre et se comprendre tous les hommes de bon sens et de sincérité!

De même que la famille groupe les parents autour du foyer, de même la Patrie groupe les hommes autour du Drapeau qui représente la communauté d'intérêts, de langage, le patrimoine d'honneur et de sacrifice du Passé, l'espoir dans l'Avenir!

Mais, de même que pas un Français ne tolérerait une tentative de sécession parmi les anciennes Provinces de France, de même qu'il détruirait l'emblème de division, de même les Peuples ne veulent plus voir dans le Drapeau étranger un symbole de guerre et de haine. La France honore les drapeaux des nationalités diverses, comme elle entend voir honorer le sien.

Etranger n'est plus ennemi.

Et *voisin* est bien près de signifier *ami*. De sorte que l'ancien Drapeau est sur le point de changer de symbole!

Honte à l'emblème de guerre qui provoque à la guerre.

Honneur à l'emblème d'union et de concorde, gage de tranquillité et de sécurité pour un Peuple !

Après cela, que reste-t-il du malentendu qui sépare Patriotes et Antipatriotes?

Rien que le nom dangereux que se donnent mutuellement ces deux fractions des enfants d'une même terre.

Patriote? Qui donc ne l'est pas? Quel est celui qui ne défend son foyer, sa famille, sa Patrie?

Antipatriote? Mais pas un seul homme

n'est cela? à moins d'en expliquer le sens profond:

Les peuples ne veulent plus être jetés les uns sur les autres, à propos de conflits qui naissent dans le cabinet d'un homme d'état ambitieux, sans que l'intérêt de la nation soit en jeu!

Les Peuples trouveraient stupide aujourd'hui que la France et l'Allemagne se soient massacrées à propos des affaires du Maroc, ou de la capture de trois déserteurs, aussi traîtres à l'Allemagne qu'à la France!...

Les Peuples se refuseraient à comprendre que la Serbie ait subi une guerre désastreuse, parce que l'Autriche avait pris la Bosnie à la Turquie!

Et ils ne toléreraient pas, pour cette même cause, une guerre que les Diplomates ont préméditée entre la Russie et l'Autriche, pas plus qu'ils n'admettraient qu'à propos d'un drapeau à la Canée, la Turquie étouffe la

Grèce! Et les peuples ne pensent qu'avec honte aux 500.000 tués et blessés de la guerre Russo-Japonaise, dont le résultat eût pu être obtenu sans guerre, avec la moindre bonne volonté des deux partis en cause!

St l'antipatriotisme est cela, alors certes le monde devient antipatriote, c'est-à-dire qu'il ne veut plus que les distinctions de Patrie soient un prétexte à des agressions préparées par une diplomatie infernale!

Antipatriote, soit, le monde le devient, si c'est l'être que de réclamer, pour les nations dans le Monde, la même Paix dont jouissent les anciennes provinces dans une même nationalité!

La Patrie a tué la Féodalité!

Qui donc regrette aujourd'hui la Féodalité?

Plus loin de nous, la Féodalité avait tué l'état précaire de la Barbarie, livrée tour à tour au chef victorieux. Qui donc réclame le retour à l'anarchie passée?

Une ère nouvelle s'ouvre devant l'humanité.

Demain les nations sauront s'organiser, pour assurer entre elles une Paix définitive. Il n'y a pas là d'utopie! Le but est facile à atteindre.

Mais pour y réussir il faut, avant tout, détruire le système des nationalités, comme l'organisation nationale a détruit pour jamais le système féodal! Les craintifs, les routiniers seront terrifiés devant ces mots!

Et pourtant combien simple, combien logique, cette évolution mondiale vers laquelle nous marchons à grands pas!

Détruire le système des nationalités, comme a été détruit le système féodal, cela paraît-il donc si formidable? Les royaumes et les duchés d'Allemagne ont été respectés malgré l'établissement de l'Empire. Les Etats de l'Amérique du Nord subsistent malgré que ces Etats, unis dans une même nation, se soient fédérés!

Ainsi, pour passer du système des nationalités au système du Monde organisé, de l'Alliance Humaine, il suffira d'établir, au-dessus des nations, une autorité constituée, suffisamment armée pour imposer ses décisions!

Rien n'est plus simple, malgré que cela paraisse compliqué.

Mais ce n'est pas ici le moment d'en indiquer la méthode!

Il nous suffit de constater que le Monde marche hardiment dans la voie du Pacifisme!

C'est cette tendance qui se traduit par ce qu'on appelle à tort *l'antipatriotisme!* Le mépris du drapeau, en tant qu'emblème de guerre, en tant qu'emblème provocateur, en est une des manifestations. Il ne faut pas s'y tromper.

Pas un des révolutionnaires qui prétendent

narguer le drapeau n'est Antipatriote ; ce sont simplement des hommes qui pensent que les nations voisines doivent être en paix plutôt qu'en guerre.

Jusqu'à nos jours, les états voisins ont eu coutume d'arborer le drapeau comme font les sauvages de l'emblème guerrier ! Le peuple demande qu'on cesse ces provocations.

Parce qu'il refuse d'être l'ennemi des étrangers, est-il l'ennemi de sa propre patrie?

Qui sait ce qu'il arriverait à penser et à faire si on lui résistait plus longtemps.

Mais il est temps encore d'agir.

Conservons au Drapeau son sens pacifique, son symbole d'union ; mais détruisons les drapeaux de guerre, comme trop de nations en possèdent encore!

Alors quand les mœurs anciennes auront disparu, quand, entre les Etats associés, aura été réglementée la paix du monde, le Drapeau de chacun sera respecté et honoré de tous.

Mais les poètes y auront perdu ; car le lambeau d'étoffe ne servira plus de signe de ralliement dans les phases tragiques du combat.

L'union des peuples, la sécurité du monde vaudront bien la perte d'un bel emblème !

Car il faut bien le reconnaître, le Drapeau perdra sa beauté dès qu'il ne signifiera plus la guerre, dès qu'il sera interdit d'y inscrire des noms de combats !

Le drapeau pacifié, rendu à la vie civile, le drapeau administratif, indiquant simplement que le voyageur aura passé une frontière théorique, voilà le drapeau devant lequel se réconcilieront bientôt Patriotes et Antipatriotes.

Ce jour-là, il ne restera que des patriotes, car rien ne tient au cœur des hommes comme le particularisme qui n'est pas une obligation ! Et les Français d'alors seront chatouilleux sur leur point d'honneur et fiers d'être

Français, et prêts à défendre leur Patrie que personne ne songera plus à attaquer!

Mais le Drapeau ne sera plus ce qu'il est aujourd'hui. Et nos descendants comprendront difficilement qu'il pouvait y avoir, à notre époque, une question du drapeau.

Il y a là un point de vue vraiment attristant. Ce drapeau, objet de discorde aujourd'hui, pour ou contre lequel se battent patriotes et antipatriotes, sans vouloir s'expliquer et partant, se comprendre, ce drapeau disparaîtra comme emblème, du jour où les adversaires seront réconciliés!

L'organisation du monde, au-dessus des nationalités, aura fait du beau, du glorieux Drapeau, une simple pancarte en étoffe: un écriteau!

Ce jour-là, on le fera de zinc pour l'avoir plus solide!

ANTIMILITARISME !

De 4.000 en 1907, le chiffre des insoumis en France a sauté d'un bond à 11.000 en 1908!

Les journaux modérés, les Français républicains ou conservateurs crient au scandale, et s'indignent d'un tel spectacle.

Et surtout l'on s'effraye des conséquences possibles, pour l'avenir, si la progression continue, de la multiplication des jeunes réfractaires à la loi militaire! Faut-il dire toute notre pensée?

Certes, il est pernicieux et détestable que de jeunes hommes donnent un si mauvais exemple! La loi est faite pour tous! Que diraient ceux-là mêmes qui désertent leur devoir si les fils de famille se refusaient à l'impôt du sang, sous le prétexte que la vie de caserne est moins agréable que celle à laquelle ils sont accoutumés?

Et pourtant, comment sortir de cette impasse inextricable, dans laquelle se trouve la volonté d'une nation, devant un progrès à accomplir?

Sachons apprécier les faits de très haut, avec un recul suffisant, et comme doit être jugée une page d'histoire.

Voici une nation qui vit, soumise à des lois anciennes, voire même antiques! Le monde a progressé, mais les lois ont survécu!

Certes, tout le monde sent et sait que dans un avenir prochain les lois seront changées parce qu'elles ne correspondent plus à l'Etat de l'opinion.

Mais comment s'effectuera ce changement ?

Est-ce la loi qui, brusquement, sera remplacée par une autre loi?

Ou bien est-ce l'opinion qui déchaînera une sorte de révolution de fait, dans laquelle les citoyens s'affranchiront d'eux-mêmes de la loi antique, comme d'un costume défraîchi et usé? Et si l'opinion parle avant le législateur, dans quelle mauvaise situation vont se mettre les citoyens qui les premiers enfreindront la loi?

Et si par surcroît l'opportunité du changement est discutée, s'il s'agit d'une question d'importance, de religion ou de politique, si l'opinion s'émeut, quelles secousses vont ébranler la nation, quels scandales vont éclater?

Ainsi hier, il fallait penser noir.

Demain, tout le monde pensera blanc.

Mais aujourd'hui... dans quel trouble se meut la conscience nationale!

Les conservateurs seront traités de routiniers ; les audacieux seront appelés révolutionnaires.

Et quelle chance si de paisibles citoyens ne subissent pas des châtiments terribles !

Car en ce temps de crise, fatalement, il y a atteinte aux principes d'ordre et de discipline. Pour le moins, les précurseurs auront poussé à la désobéissance aux lois ! Le plus souvent ils prêcheront d'exemple ! et le combat sera rude, contre une vieille loi même mauvaise, mais défendue par l'habitude !

Appliquons ces réflexions à l'antimilitarisme !

Jusqu'à ces dernières années, la loi militaire a été la loi sacrée de l'impôt du sang !

Pour l'appliquer à tous les Français sans exception, quels beaux mouvements oratoires n'ont pas eus les membres du Parlement, certains d'avance que le patriotisme des classes dirigeantes était assez sûr, pour accepter l'abandon de leur dernier privilège au bénéfice de l'intérêt général de la défense nationale !

Mais si populaire que fût notre armée, si enracinée que fût dans la nation la nécessité de maintenir intangible la défense terrestre et maritime, une idée peu à peu se répandait parmi ceux qui souffraient le plus de l'obligation militaire, parmi les ouvriers.

Le pacifisme avait eu quelques succès. Le czar s'y était intéressé. De graves conflits avaient pu être évités par l'arbitrage ou par une conférence. Et l'idée prenait corps peu à peu. « Pourquoi la guerre? »

Alors, dès qu'elle avait été posée, l'idée avait germé, s'était répandue, reproduite à l'infini : « Guerre à la guerre! » « La paix du monde!» « La paix éternelle! »

Et le travailleur simpliste et sincère n'avait pas pu se soustraire à l'entraînement d'une telle idée. Peut-on nier que la guerre soit un crime? Peut-on nier qu'on puisse toujours éviter la guerre? Faut-il se ruiner en armements pour préparer une guerre qui ne doit pas venir?

Et la conclusion s'imposait à tous ces esprits: « Pas de guerre, donc pas d'armée; pas de caserne, pas de service militaire! »

Et voilà l'antimilitarisme né.

A-t-il une origine malsaine? Fut-il conçu dans la trahison, la lâcheté? Nullement, et au contraire l'antimilitarisme procède d'une tendance très belle vers la paix consentie par tous.

Malheureusement, la loi militaire est encore là! Et les insoumis sont déférés aux conseils de guerre!

Faut-il pourtant condamner, sans distinction, à côté des réfractaires par égoïsme, ceux qui, précurseurs de l'idée de Demain, confiants dans les conseils d'un Tolstoï ou de tout

autre-penseur, croiront devoir manifester leur
foi ardente dans la nouvelle victoire de la raison sur la barbarie, dans l'organisation prochaine du pacifisme?

Qu'on y prenne garde! L'idée du désarmement nécessaire fait chaque jour des progrès
énormes parmi les populations.

Un jour viendra, très prochainement, où la
grande majorité des hommes se décidera à
manifester son opinion, et cela malgré toutes
les précautions gouvernementales.

Si la désertion, si l'expatriation répugnent
à la plupart des conscrits, d'abord comme une
lâcheté et aussi comme un non-sens, l'idée
viendra, toute naturelle, de concerter parmi
les appelés de la classe, une manifestation évidente contre la *Paix armée*, menace constante de conflits entre peuples voisins.

Et le moment approche où ce n'est pas
onze mille insoumis qui manqueront à l'appel, mais peut-être cinquante ou cent mille

conscrits qui n'arriveront au corps qu'avec un retard de plusieurs jours, affirmant ainsi d'un côté l'horreur que leur inspire la préparation à la guerre, et de l'autre leur civisme et leur patriotisme, décidés à éviter qu'on les confonde avec de simples anarchistes, avec les insoumis par égoïsme. Et si chacun de ces protestataires montre ensuite le meilleur esprit de devoir et de discipline, le gouvernement pourra-t-il tromper l'opinion et poursuivre avec sévérité des hommes, coupables uniquement de confiance dans le bon sens de l'Humanité, et révoltés par l'égoïsme des gouvernants qui n'ont rien fait pour organiser la paix du monde?

Et si le gouvernement décide avant tout de sauver le principe de discipline, s'il réprime cruellement ces manifestation pacifistes, croit-on que ce sera là le moyen d'étouffer l'idée naissante, la volonté populaire demain victorieuse?

L'Histoire admirera-t-elle ces souverains et ces ministres restés aveugles à la vue du dégoût général des peuples pour la guerre, restés sourds au bruit des éloquentes harangues pacifistes, qui, lorsque les jeunes conscrits manqueront à l'appel de leur classe, ne verront là qu'une faute militaire très grave, et se refuseront à reconnaître la grande voix de l'Humanité, conviant les peuples à l'amour et à la fraternité, les incitant à briser les armes meurtrières, désormais inutiles.

Et si ce complot prochain des honnêtes gens contre la guerre effraye les esprits routiniers, faudra-t-il, pour apaiser leurs craintes, que le monde entier soit condamné éternellement aux dangers de la *Paix armée*, afin d'éviter à leurs regards pudibonds l'horreur d'une manifestation collective des conscrits contre le service militaire?

Pour empêcher un tel spectacle pernicieux, pour sauvegarder le principe de discipline, peut-être ces défenseurs de l'ordre établi ou plutôt du désordre organisé, admettraient-ils de ne jamais voir le monde enfin pacifié : « Périssent les peuples par la guerre, plutôt que la discipline militaire! » Nous n'hésitons pas à mettre nos préférences ailleurs : Si pour sauver le monde de la guerre, il faut subir la révolte des conscrits contre l'obligation du service militaire, nous l'appelons de tous nos vœux. C'est ainsi que la médecine, pour guérir certaines maladies, se sert des poisons les plus violents, quitte à les chasser ensuite, en épurant l'organisme, lorsque tout danger a disparu.

PATRIOTISME !

Entre *Patriotes et Antipatriotes,* y a-t-il un abîme profond, réel?

Ne s'agit-il pas plutôt d'un simple malentendu qu'il serait facile d'éclaircir et de dissiper, avec un peu de bonne volonté?

Pour le Patriote, l'Antipatriote est un véritable traître qui n'hésiterait pas à passer à l'ennemi. C'est un esprit faussé qui oublie, dans l'amour de l'humanité, que ses compatriotes sont aussi des hommes.

Et surtout c'est un être dangereux qui volontiers nous livrerait désarmés à l'ennemi, grâce aux sophismes de l'esprit rationnel et par amour de la paix.

Et le Patriote reproche à l'Antipatriote la campagne désastreuse d'antimilitarisme, par laquelle il espère répandre le pacifisme dans les classes laborieuses. Pendant ce temps, l'étranger pousse ses armements, aussi bien sur terre que sur mer, et le mauvais esprit qui se répand dans l'armée risque de détruire à jamais la valeur morale de nos troupes!

Pour son adversaire, au contraire, le Patriote ne serait au fond qu'un chauvin à l'esprit étroit. Ignorant volontairement des progrès de l'idée pacifiste, le patriote s'opposerait à toute modification destinée à préparer l'avenir; il résisterait à toute propagande des belles idées humanitaires et irait jusqu'à tourner en ridicule les tentatives d'arbitrage, les congrès de la Paix qui, pourtant, ont eu des résultats évidents pour tous les hommes de bonne foi.

Pour l'Antipatriote, le Patriote n'est pas un homme qui aime son pays plus que tout autre, mais un homme qui a l'étranger en haine, et qui risque de déchaîner follement la guerre, sans raison aucune.

C'est, comme le Chinois, un Xénophobe intransigeant, qui pense par là faire preuve de patriotisme, alors qu'il déchire ses compatriotes à belles dents comme le fait le Chinois, sans autre répit que le temps d'aboyer contre les étrangers !

Maintenant que chaque adversaire nous est connu, raisonnons avec lui de sang-froid, sans parti-pris. A l'Antipatriote, demandons s'il exècre sa propre patrie ; s'il lui préfère un pays quelconque, et s'il appelle de ses vœux l'invasion et la défaite.

« Moi ? s'exclamera l'Antipatriote, j'aime mon pays autant et plus que n'importe qui, et je n'ai pas à recevoir de leçon de patriotisme. Si je ne professe aucune haine contre l'étranger, cela signifie-t-il que j'exècre les miens, ma famille, mon pays? Faut-il donc dire, pour être cru, que l'on aime sa femme, ses enfants et ses vieux? »

« Et vous, demandons-nous alors au Patriote, ne ferez-vous jamais trève de haine en faveur des étrangers qui ne vous cherchent pas querelle? »

— Moi? s'exclamera-t-il, je respecte et apprécie l'étranger autant et plus que n'importe qui, et je n'ai pas à recevoir de leçons de pacifisme!

« Seulement je me refuse à être dupe! et je ne veux pas me trouver le premier désarmé, devant l'adversaire en armes. Ah! si l'on pouvait s'entendre pour organiser tous ensemble le désarmement progressif ou même immédiat, je donnerais à cette combinaison mon approbation sans réserve! Mais cela se peut-il?... »

LA DÉFENSE NATIONALE !

L'idée de *Paix armée* a comme corollaire : la *Défense Nationale*.

Défense de la frontière terrestre, défense du littoral. Armée de terre, armée de mer, tels sont les éléments de cette Défense Nationale.

A priori, l'hypocrisie, le mensonge du principe, se révèlent par la simple vue des moyens de défense.

Que l'Angleterre construise des cuirassés, des Dreadnoughts pour empêcher l'adversaire d'atteindre les côtes Britanniques, rien de plus compréhensible, parce que si, un jour, une force suffisante prenait pied en Angleterre, c'en serait fait de son existence.

Mais la France a-t-elle à se défendre contre une invasion venue par mer? Notre armée de terre ne jetterait-elle pas à l'eau les forces débarquées de n'importe quelle puissance?

Alors, pourquoi ces cuirassés, sinon pour enrichir leurs constructeurs, sinon pour justifier l'existence des ports de guerre, et le nombre des amiraux?

Donc, en réalité, la flotte cuirassée est inutile comme moyen de défense. La flottille des torpilleurs et des sous-marins ne l'est pas moins. Notre meilleure défense maritime, c'est la terre elle-même. L'ennemi ne peut pas torpiller la France. Tant qu'il restera sur mer, abandonnons-lui la place. S'il débarque, il devra compter avec notre armée de terre.

Quels intérêts particuliers, quel égoïsme

se cachent donc sous le couvert de l'intérêt national?

Pour accepter si facilement d'entretenir une Défense nationale permanente et inutile, les nations ignorent-elles donc ce qu'elles payent pour vivre constamment dans la crainte de la guerre?

Car ces forces permanentes, entretenues par les grandes Nations, sont formidables!

A côté de la France avec ses 580.000 hommes, l'Allemagne exerce 610.000 soldats. Si l'Angleterre n'a pas, dans son royaume uni, d'armée permanente digne de ce nom, pourtant elle maintient plus de 420.000 hommes sous les armes, pour la défense de ses colonies. La Russie possède un effectif de 1 million 380.000 hommes, le plus considérable entre toutes les nations!

En totalité, et si l'on fait état des armées asiatiques et américaines, il y a constamment sous les armes 4 millions 938.000 hommes, sans compter ceux qui arment les flottes de guerre et qui représentent plusieurs centaines de mille marins.

Si l'on considère maintenant ce que coûte aux Nations l'entretien de telles armées, on arrive au total de près de 6 milliards de francs pour les principales puissances! Et la France seule y consacre annuellement 780 millions !

Si les flottes de guerre nécessitent une dépense moins considérable, encore sont-elles assez onéreuses pour que leur suppression soit attendue avec impatience.

En ne recensant que les navires cuirassés les plus modernes, on arrive pour les grandes puissances maritimes à un total de près de 300 cuirassés, entretenus à grands frais. La dépense correspondante atteint 2 milliards 787 millions!

Ainsi, pour résumer ce que coûte actuellement au Monde la Défense Nationale, on peut dire que 8 milliards et demi y sont consacrés, et que cinq millions d'hommes, sans compter les marins, vivent le fusil sur l'épaule, à monter la garde des frontières ! Près de trois cents cuirassés de premier rang attendent l'occasion de se canonner et de s'engloutir !

Et les Peuples laissent faire, et les Peuples ne font pas la révolution nécessaire pour obliger les gouvernements à désarmer !

Est-ce indifférence, ou bien est-ce ignorance de ces chiffres monstrueux ?

Toujours est-il que l'organisation du Pacifisme ferait économiser plus de 6 milliards de francs chaque année, et rendrait à la vie économique, au travail productif, plus de trois millions d'hommes !

Un tableau annexé ci-contre indique les éléments de la question. Son examen attentif en dit plus long qu'il n'est besoin.

Pour admettre l'état de choses actuel, il faut que les gouvernements soient composés de parfaits égoïstes, incapables de faire le geste libérateur!

Qu'on ne dise pas qu'il y a pour chaque Etat une obligation de ne pas désarmer devant les états voisins préparés à la guerre!

Notre projet d'organisation générale répond à toutes les objections. Mais ce qu'il importe de comprendre et de répéter, c'est que la Défense nationale, loin d'être un élément de sécurité et de paix, constitue pour cette Paix le plus grand danger. Six millions d'hommes et trois cents cuirassés sont prêts à entrer en lice! Voilà le danger, le seul danger!

Au milieu même de ces folles Nations qui ruinent leurs populations par ces armements formidables, la précaution la plus certaine, pour éviter la guerre, serait encore de désarmer! On n'attaque plus, à notre époque, une nation désarmée! On peut certes lui interdire de nouvelles conquêtes; mais en quoi cela peut-il gêner la France, ou même une Nation quelconque ? L'ère des conquêtes est terminée.

Désarmons donc hardiment, ou au moins,
réalisons par l'Alliance Humaine la *Paix du
Monde* sur les souvenirs fâcheux de cette
Paix Armée qui depuis un siècle a rendu possibles les guerres les plus abominables de
l'Humanité !

Mais sachons quels adversaires nous trouverons devant nous, ligués par l'intérêt contre
l'œuvre de Paix ! Car le danger ne viendra pas
de l'extérieur, mais bien du sein même de la
nation !

Dans chaque pays, il y a la horde des
égoïstes qui vivent de cette défense nationale,
et qui seraient ruinés si la paix définitive était
réalisée.

Que nous soyons en France ou partout ailleurs, ce sont les mêmes intérêts, le même
égoïsme ennemis de la paix sincère et qui
tirent leurs profits de la Défense nationale !

Comme il y a, dans le monde, des familles qui ont monopolisé certaines industries, comme le Parsi, aux Indes, personnifie l'usure, l'Israélite la haute banque, comme en France les commerces du sucre et du pétrole sont entre les mains de quelques puissants industriels, de même, dans chaque Etat, la *Défense nationale* est une concession, exploitée par quelques privilégiés, amis des gouvernants.

Sans prononcer un seul nom, n'est-on pas en droit de dire que la construction des cuirassés appartient, en France, à trois chantiers, maîtres de la situation! La fabrication des chaudières n'a-t-elle pas été, en quelque sorte, concédée à deux seuls constructeurs? Les canons peuvent-ils sortir d'une autre fonderie que celle qui les usine? Et les projectiles ne sont-ils pas un monopole pour deux ou trois industriels? Ne connaît-on pas les noms des soumission-

naires ordinaires des marchés des subsistan-
ces militaires? Et croit-on qu'un nouveau
venu, sans attaches, sans relations, pourrait
venir se fourvoyer dans cette cuisine où se
prépare une adjudication? Toute cette *Défense nationale* appartient à quelques four-
nisseurs! C'est leur chose, leur monopole! De
même que le gouverneur, dans une colonie
lointaine, concède à un colon ami mille hec-
tares de rizières, qu'il exploitera à l'aide du
travail des indigènes, de même, en France, la
Défense nationale est le grand monopole dont
les ministres concèdent des morceaux à leurs
grands électeurs! Et c'est là où réside la plus
grosse difficulté pour réaliser le désarmement.
Contre l'opinion qui, de jour en jour, s'affer-
mira en faveur de la Paix définitive, les
concessionnaires de la *Défense nationale* crie-
ront leur patriotisme et tâcheront de persuader aux foules qu'il existe des dangers de
guerre! Et ils entonneront le vieux refrain de

la *Paix armée !* et leur syndicat international saura fomenter au besoin l'apparence d'un conflit imminent pour arrêter les esprits dans la voie de la saine raison!

Les ministres, trop souvent associés à ces concessionnaires, par un lien de famille, d'intérêt financier ou électoral, reculeront devant les menaces qui leur seront faites, et connaissant les profits de leurs amis, hésiteront à les priver d'une aussi belle prébende que celle de la Défense nationale.

Nous gagnerons la partie. Nous vaincrons toutes les résistances, et nous imposerons aux gouvernements l'obligation de désarmer. Dans cette œuvre de salubrité publique, nos adversaires seront les tout puissants concessionnaires de la Défense nationale. Mais la victoire nous restera. Pour jouir enfin d'une paix définitive, il n'y a qu'un obstacle dans le monde : c'est la Défense nationale de chaque pays ! Nous la briserons !

LA GUERRE!

Tant de choses ont été dites sur la guerre et sur son injustice que ce n'est pas ici le moment d'y revenir.

La guerre paraît être un restant de barbarie. Ce n'est pas une excuse pour celui qui la déclare. Mais l'habitude vingt fois séculaire, de ne pas voir en celui-là un criminel explique comment un monarque personnellement ami de la paix, et fondateur du Tribunal de La Haye, a pu, malgré tout, accepter la guerre la plus sauvage que l'humanité ait jamais vue.

Ce monarque pacifique est convaincu de n'avoir rien fait que subir la guerre. Il ne l'a pas voulue, ni déclarée. Il fut attaqué et dut se défendre. Et nous voyons dans cette mauvaise excuse le sophisme même que nous voulons démasquer: le sophisme de la *Paix armée!*

Sophisme, paradoxe, mensonge! la paix armée est tout cela et bien plus encore.

Car c'est entendu, la guerre est unanimement condamnée, détestée!

Il est entendu qu'aucune puissance ne la recherche et ne la déclarera jamais. Cependant... la prudence oblige à ne pas rester désarmé, et la Paix voulue, la seule Paix acceptée est: la *Paix armée!*

Voyez des enfants jouant dans un jardin; ils courent, ils sautent joyeux. Leur promenade les mène à un hangar où le hasard leur fait trouver des armes: triques, bâtons, fouets.

Ils s'en emparent et sortent du hangar les sourcils déjà froncés. *Ils se sentent armés.* Surgira-t-il une discussion d'enfant, les armes parleront tout de suite, et voilà la guerre allumée!

Accourez à leurs cris; retirez leurs armes, et voilà la paix rétablie!

L'histoire véridique de la Paix armée n'est pas autre chose.

Les preuves abondent de cette vérité dont nous ne retiendrons que la plus frappante et la moins discutable.

En octobre 1906, l'empereur Guillaume sommait la France de ne plus avancer d'un pas dans sa conquête pacifique du Maroc. La France avait pour elle un droit particulier et l'appui des trois puissances les plus directement intéressées: l'Angleterre, l'Espagne et l'Italie. Mais l'Allemagne voulait un succès diplomatique. Elle exigea la réunion d'une conférence. La France refusait. L'Allemagne posa un ultimatum. Reconnaissons-le: l'ultimatum ne fut pas posé en fait, mais il était convenu qu'il le serait en l'absence d'une adhésion immédiate à cette conférence.

La France interrogea sa conscience. Sa conscience? Est-ce bien cela. Elle se tâta le pouls. Les docteurs étaient ses ministres de la Guerre et de la Marine. Tous deux déclarèrent que le pays n'était pas prêt. Les ministres précédents avaient désorganisé ou plutôt laissé désorganiser l'armée de terre et l'armée de mer.

La France, peu confiante dans ses forces, accepta la Conférence d'Algésiras! La guerre était évitée. *Trois ans après, l'Allemagne a adhéré à notre politique du Maroc, et nous a accordé pacifiquement ce qu'elle refusait en 1906 sous menace de guerre!*

Certes, nous avons failli perdre, nous avons même à l'époque perdu une parcelle de notre prestige. Pourtant, est-ce bien sûr! Car nous avons aussi gagné la confiance des nations qui savent qu'effectivement nous pouvons ne pas vouloir la guerre!

Toujours est-il que si nous ne l'avons pas eue, ce n'est pas parce que notre armée veillait, et que sa force, connue et appréciée, a fait reculer l'adversaire!

C'est, au contraire, parce que, défiant en notre armée, notre gouvernement n'a pas osé s'exposer à un ultimatum, n'a pas voulu la guerre! Qu'aurait fait l'Allemagne si nous avions été forts? Personne ne peut se vanter de le savoir. L'empereur lui-même ignore peut-être si, nous sachant prêts, il aurait risqué la rupture. En tous cas, on est en droit de croire que l'Allemagne en acceptait parfaitement l'éventualité.

Heureusement notre armée et notre flotte étaient désorganisées ! Et la guerre put être évitée!

Paradoxe! dira-t-on.

Certes non ; et, sur ce point, les ministres d'alors et ceux d'hier ont bien mis les points sur les i.

Il n'y a là aucun paradoxe. Ou plutôt, il n'est pas dans la constatation du résultat heureux de la désorganisation de notre armée.

Le *Paradoxe*, c'est la *Paix armée!* Depuis qu'un esprit riche en substilité a inventé cette expression ridicule, le paradoxe a été créé, établi !

La Paix armée, c'est l'Autriche s'emparant de la Bosnie parce qu'elle se sait plus forte que la Turquie.

C'est la Bulgarie prenant la Roumélie et une couronne royale parce qu'elle se croit plus puissante que la même Turquie.

Mais c'est aussi la Turquie s'opposant par la force à l'annexion de la Crète par le minuscule royaume de Grèce !

La Paix armée, ce fut aussi pour nous Fachoda, où, grâce à d'autres ministres pré-voyants, la guerre fut évitée par l'aveu de notre impuissance. La Paix armée, c'est le conflit austro-serbe, les anciens conflits anglo-russes, tous les conflits enfin, où l'une des nations se reconnaît inférieure à l'autre et passe sous les fourches caudines!..

Voilà la Paix armée!

Mais c'est aussi la guerre russo-japonaise, la guerre du Transvaal, celle des Japonais contre la Chine, et celle aussi des Espagnols contre l'Amérique, c'est-à-dire la guerre sanglante, chaque fois que les deux adversaires se croient en mesure de vaincre, ce en quoi l'un des deux fait erreur.

De sorte que la Paix armée n'est jamais la paix, mais bien l'affront quand on avoue sa faiblesse, ou la guerre barbare quand on l'ignore ou qu'on est puissant.

Voilà le paradoxe abominable, par lequel les nations se dupent ou plutôt dupent leurs populations, en les exposant à la honte ou à la guerre.

Supprimez l'armée, et le risque de guerre disparaît, quelle que soit la situation particulière de la nation envisagée.

Pour cela encore la preuve existe dans l'histoir moderne.

La Suisse et la Belgique ont-elles été attaquées pendant le dernier siècle? Non, et pour cette simple cause qu'elles ont été placées sous la tutelle des grandes puissances, et que leur armée embryonnaire n'est qu'une milice de paix.

Supposez que nous supprimions la plus grande partie de notre armée, serions-nous en moins bonne posture que lorsque nous avouons par nécessité: « Nous ne sommes pas prêts, allons à Algésiras! »

Si l'armée ne nous permet pas de refuser une conférence que nous considérons comme désavantageuse, alors, supprimons l'armée et abstenons-nous d'entreprendre une conquête nouvelle! L'Histoire est là pour prouver que les puissances n'abusent pas de leur force à l'égard d'une nation désarmée. S'il en était autrement, la Suisse et la Belgique n'existeraient plus. L'une et l'autre pourtant savent parfaitement soutenir leurs intérêts et leurs droits, et le plus faible des Etats, celui du Congo, défend contre l'Angleterre la politique de son roi sans la moindre infériorité.

Voilà des nations qui vivent en paix et respectées. Ont-elles la *Paix armée?*

Heureusement non, pour elles, car elles auraient été, depuis longtemps, supprimées. Elles ont bien mieux que la Paix armée:

Elles sont désarmées et vivent en Paix!

La Paix armée, c'est le Paradoxe, suivi d'un dilemme avec le choix entre la guerre et le déshonneur !

Donc, en tout état de cause, et dussions-nous même rester seuls dans notre désarmement, mieux vaudrait encore abandonner l'idée de Paix armée, et sans hésiter, mettre les armes au ratelier. Rien n'est dangereux comme de s'y exercer même pour s'instruire.

A la *Paix armée,* substituons la *Paix!* tout court.

LE PACIFISME !

Les adversaires du Pacifisme affirment que la Guerre ne sera jamais abolie.

Nous affirmons le contraire !

Pour soutenir leur thèse, les partisans de la Guerre déclarent qu'elle est d'origine naturelle ! Les animaux se battent entre eux pour trouver ou pour défendre leur nourriture ; de même l'Humanité fait la guerre pour acquérir des territoires, lutter d'influence et d'autorité !

Ainsi, ce sont ceux-là mêmes qui nient

l'origine animale de l'Humanité qui légiti-
ment la guerre par cette raison que les animaux se battent! Mais l'homme trouve dans
la supériorité de son espèce une raison suffisante pour condamner la guerre. La vie en
société, qui est son privilège, adoucit les
mœurs; les lois et la morale condamnent et
préviennent les crimes individuels; à plus
forte raison doit-on condamner les crimes des
nations, et avant tout la guerre si funeste à
l'Humanité par ses résultats. Il est naturel
pour l'animal de voler et de tuer pour se
nourrir. Il n'est pas plus naturel pour les
nations de faire la guerre, c'est-à-dire d'opérer des massaces collectifs, que pour l'homme
de voler ou de tuer individuellement. Au contraire, il est illogique de penser que ce qui
est un crime pour un seul, puisse être approuvé pour la collectivité!

Est-il besoin vraiment de prouver cette évidence ?

Doit-on rappeler que pour préparer cette guerre détestable, ces massacres criminels, des millions d'hommes jeunes et sains sont distraits chaque année du travail utile et fécond. Doit-on remarquer que par là s'élève pour toute l'humanité le prix de revient de l'existence, en faisant celle-là moins aisée et plus médiocre pour tous ?

Est-il besoin d'ajouter que certaines nations se ruinent en armements, augmentant chaque année leur dette publique pour transformer leur matériel de guerre, et incapables alors de consacrer assez d'argent pour les dépenses indispensables, pour réaliser en particulier les œuvres sociales réclamées impérieusement par le peuple, comme l'assistance aux malades et aux vieillards et les retraites ouvrières !

La Guerre, et ce qui est pis encore, sa préparation constante, absorbe toutes les disponibilités, et bien plus, justifie des emprunts, de sorte que les hommes les plus civilisés ne sont assurés ni contre la guerre, ni contre le chômage, ni contre la maladie, ni contre la vieillesse!

Sous prétexte de supprimer les risques de guerre, l'humanité les décuple, en préparant les armes, en organisant des armées ruineuses, et pour donner aux populations cette sécurité illusoire, elle les condamne à la misère indéfinie.

Il faut que cela cesse!

La Guerre est un crime ! et criminels sont ceux qui gouvernent les nations en se faisant complices de ce crime, en organisant la guerre sous le couvert de la Paix armée!

Et cela cessera, parce que l'Humanité entière a soif de repos et de sécurité. S'il faut une dernière révolution pour conquérir le droit à la Paix, il faut la faire! et se hâter, car chaque jour engloutit des millions de francs et augmente les risques de conflagration!

Le Pacifisme n'a pas subi d'échec par l'échec des Congrès de la Paix, car la question n'a jamais été posée franchement et complètement.

Si l'on interrogeait tous les peuples, nul doute que tous ne crient leur amour ardent de la Paix!

Eh bien! cela suffit, car la réalisation du Pacifisme n'est plus qu'une question d'organisation, et d'organisation facile.

Aucune difficulté n'existe pour imposer au monde la Paix complète et définitive.

Est-il vrai que chacun la désire ? En trois mois, l'Ere nouvelle de Paix absolue peut-être inaugurée! Ce serait donc un crime d'attendre un instant.

La France a toujours montré la voie du Progrès et du Bien! Elle ne faillira pas à la tradition.

Il faut que les Français imposent à leur gouvernement le système du Pacifisme! et après ce premier succès, il faudra l'imposer aux autres nations ! La tâche ne sera dure qu'à ses débuts. Pour mettre en branle l'opinion d'un grand pays, il faut beaucoup d'énergie, beaucoup de patience. Mais quelles que soient les difficultés à surmonter, nous arriverons au but de nos efforts !

ÉCHEC DES CONGRÈS
DE LA PAIX
FAILLITE DE L'ARBITRAGE

Il n'est plus temps de compter sur l'Arbitrage pour organiser la Paix! Quand en l'année 1898, le czar Nicolas invita pour la première fois les nations civilisées à une Conférence de la Paix, ce fut d'une part le déchaînement de l'ironie la plus ridicule et la plus insolente contre une tentative qui, si elle devait échouer, n'en serait pas moins digne du respect des peuples, et ce fut d'autre part l'affirmation de l'enthousiasme le plus sincère, vibrant des espoirs décisifs et des promesses d'une ère glorieuse de Paix universelle !

La Conférence eut lieu ! Mais l'année suivante, le même czar Nicolas subissait l'effroyable guerre russo-japonaise. Puis un second Congrès de la Paix se réunit en 1904 et l'arbitrage, dont les congressistes avaient fait leur plus important instrument de pacification, l'arbitrage international, subit plusieurs échecs qui permirent aux sceptiques et aux partisans de la Guerre glorieuse de reprendre ironie ou courage !

Il faut avoir la franchise de l'avouer.

La cause de la Paix par voie d'arbitrage a subi un échec certain du jour où les premiers traités furent signés !

Les nations les plus pacifiques s'engageaient en effet à s'en remettre à un arbitre pour le règlement de tout litige, hormis ceux qui pouvaient engager soit l'honneur, soit l'existence même de la nation!

Hélas! ces traités furent bien la preuve de bonnes intentions, d'un sincère désir de Paix! Mais rien de plus ! Car enfin, le fait de s'engager à accepter un arbitrage ne constitue une certitude de paix que si aucune réserve n'en restreint le fonctionnement.

Du moment où, par avance, on réservait un seul cas, où la nation pouvait refuser le règlement arbitral, c'en était fait de l'organisation de la Paix.

Bien plus, admettons que des traités eussent été signés, sans aucune réserve, en quoi la Paix aurait-elle été assurée entre ces nations? N'a-t-on pas vu des traités d'alliance déchirés le jour où leur effet allait devenir utile ?

Un traité, dans l'état actuel des relations internationales n'engage une nation qu'autant qu'elle le veut et pour le temps qu'elle désire.

En réalité les traités d'arbitrage qui ont été

7

signés ne sont donc qu'une excellente preuve du désir général des Puissances de restreindre les dangers de guerre. Mais rien de plus!

La Paix du Monde n'a pas été organisée par les deux Conférences, et le Tribunal permanent d'arbitrage, qui fait honneur à ceux qui ont contribué à le former, n'est qu'un jalon modeste planté sur la piste qui conduira à la Paix! Mais il ne suffit pas de constater la faillite du système de l'arbitrage! Il faut encore en expliquer l'origine, afin de trouver un meilleur remède au mal dont souffre l'Humanité.

Rien n'est plus clair, plus évident.

L'arbitrage ne pouvait engendrer la Paix parce que la Paix doit être imposée pour être respectée.

Prenons l'exemple d'hommes assemblés dans un milieu civilisé. Ils vivent en paix, généralement, mais ont parfois des difficultés qui se traduisent par des procès.

Concevrait-on que deux hommes, ayant des relations fréquentes, s'engagent à régler tous leurs litiges par un arbitrage? Un tel engagement serait nul de plein droit, comme excessif. On ne peut contracter qu'à propos de faits connus, et non pour l'avenir inconnu!

Les Nations ne peuvent agir autrement. Ignorant les difficultés qui pourraient s'élever entre elles, il leur est impossible de se lier les mains par avance.

Ainsi ceux, qui ont cru sincèrement trouver dans l'arbitrage une panacée, auraient pu prédire leur propre échec. L'arbitrage entre Nations devait avoir les mêmes limites qu'entre simples particuliers.

Il y a plus :

Supposons que le système de l'arbitrage se soit généralisé. Quelle certitude aurait existé que les intéressés se soient toujours conformés à leur engagement? Comment aurait-on pu contraindre une nation récalcitrante à respecter sa propre signature?

Et puis au surplus, comment aurait-on pu obliger une Nation à se conformer à la décision de l'arbitre, dans le cas où elle lui aurait été contraire?

Ainsi dans le système de l'arbitrage, un organisme fait défaut, d'abord pour obliger les parties à s'en remettre à l'arbitre, puis pour les contraindre à respecter sa sentence.

C'est donc pour le système de l'arbitrage une véritable faillite. Il faut le reconnaître.

Cette organisation peut fonctionner toutes les fois que le conflit n'aurait pas engendré la Guerre. Mais les quarante ou cinquante contrats d'arbitrage qui ont été signés entre Nations n'ont pas évité un seul conflit armé!

Il est vrai que les deux Conférences de la Haye ont donné toute une réglementation de la Guerre, dans la bonne intention d'humaniser quelque peu les actes nécessairement brutaux et cruels des belligérants !

Mais qui ne voit que cette réglementation n'a été qu'une satisfaction donnée à l'opinion publique qui se fût révoltée de l'aveu sincère d'impuissance de la Conférence ? Et c'est ainsi qu'au cours de ces Congrès de la Paix, il a été surtout question de la Guerre !

D'ailleurs les quelques restrictions apportées au libre exercice de la guerre sont d'une ironie cruelle! Voit-on deux hommes pleins de haine, se rencontrant dans un bois et discutant des restrictions à apporter aux coups qu'ils échangeront ? Ou même encore deux hommes amis, qui, en prévision du temps où ils pourraient devenir ennemis, s'engageront à limiter les coups qu'ils se porteront plus tard ?

Le Duel, dira-t-on, est bien réglementé.

C'est que le Duel n'est pas un combat, mais une simple réparation conventionnelle, offerte à l'insulté par son agresseur. C'est un acte de snobisme et rien de plus. Le duel à l'Américaine, véritable combat, n'a pas de règles. Il faut que l'un des adversaires soit tué!

D'ailleurs le Duel lui-même nous fournit un exemple intéressant. A côté des combattants, la convention a placé les témoins qui sont là pour exiger d'eux le respect des règles du duel et de ses coutumes. Les adversaires ne peuvent donc pas s'en affranchir.

Existe-t-il, à côté des nations en guerre, un organisme correspondant aux témoins? La guerre entre deux Etats, c'est le duel à l'Américaine. Supposer qu'ils respecteront des engagements pris en temps de paix, quand rien ne les y contraindra, c'est avoir trop de naïveté ou connaître mal les exemples de l'histoire.

N'est-il pas admis depuis longtemps qu'une Nation déclare la guerre avant d'engager les hostilités? Les Japonais se sont bien gardés de le faire. Du jour où ils ont été décidés à combattre, ils ont envoyé leur flotte couler trois croiseurs Russes, à l'ancre, confiants dans l'Etat de Paix!

Il y a pourtant des gouvernements qui respecteront les conventions signées. Cela est certain et heureux pour l'honneur de l'Humanité. Mais peut-on baser un système sur cette confiance? Peut-on faire dépendre la Paix du monde de la volonté seule des nations, intéressées peut-être à la troubler?

Donc, ne comptons pas trop sur les Congrès de la Paix et sur le Tribunal d'arbitrage!

Il faut, pour supprimer la guerre, un autre système, une autre méthode, qui tienne compte de la nature intéressée de l'Humanité.

Ce système est simple à concevoir.

Nous allons l'exposer dans ses grandes lignes.

ORGANISATION
DE L'ALLIANCE HUMAINE

Pour résumer en peu de mots les pages précédentes, nous pouvons dire:

1.° Aimer les siens n'empêche quiconque d'aimer et de respecter les autres;

2.° La Guerre est un vestige de la barbarie. Elle ruine les peuples; elle engendre la révolution par l'impossibilité de réaliser les progrès sociaux;

3° La défense nationale, loin de prévenir les conflits, les rend possibles et les provoque;

4° Rien n'a été tenté jusqu'ici pour organiser la Paix du monde: les Congrès de la Paix ont réglementé la Guerre, et l'arbitrage n'est possible que là où n'existe pas de risque de guerre;

5° Le moment est venu d'agir parce que les peuples, dupés par les promesses de leurs dirigeants, sont sur le point d'exiger les lois sociales qui atténueront leur misère. Il y a, dans les budgets de Défense Nationale, six milliards à employer soit au progrès social, soit à l'amortissement des Dettes publiques.

Il nous reste maintenant à exposer notre système de Pacifisme.

Nous avons annoncé que sa réalisation n'offrait aucune difficulté, aucune complication. Nous allons le prouver.

Cependant, nous n'entrerons pas dans les

détails techniques qui seraient déplacés dans une œuvre de vulgarisation et de combat.

Notre but consiste moins à établir d'une façon définitive l'organisation du Pacifisme, qu'à prouver la possibilité de sa réalisation.

Nous nous adressons particulièrement à nos adversaires: non pas à ceux, irréductibles, qui affichent leur prédilection pour les conflits sanglants et qui admirent la sauvagerie humaine déchaînée dans les combats, mais bien à ceux qui, déplorant l'inévitable, pensent qu'on ne pourra jamais organiser la Paix du monde.

Ceux-là, s'ils sont de bonne foi, seront les meilleurs partisans de notre système, et seuls resteront nos adversaires les intransigeants du parti-pris qui ne peuvent souffrir de voir une idée digne de respect naître dans un parti adverse. Ceux-là railleront, mais devront vite se taire, sous le mépris universel dont ils se sentiront enveloppés.

ALLIANCE HUMAINE

L'ensemble du système, à l'aide duquel doit être assurée la paix du monde, prendra le nom d'*Alliance humaine*.

L'Alliance humaine est basée sur l'institution d'une *Justice internationale*, appuyée sur une *Armée internationale* chargée d'imposer aux nations sa juridiction et ses sentences.

Examinons tout d'abord *la Justice* des nations.

POUVOIR JUDICIAIRE

Depuis dix ans que l'on parle, timidement, de la Paix, on a préconisé surtout l'arbitrage entre nations. C'est qu'il paraissait difficile d'obliger des pays indépendants à se présenter malgré eux devant une magistrature internationale.

En réalité, l'arbitrage n'apporte pas le moindre progrès. Les seules nations qui en usent sont celles qui ne veulent pas de la guerre, pour un motif ou pour un autre, de sorte que les seules qui en profitent sont celles qui ne se seraient pas battues.

On compte avec joie, depuis dix ans, un nombre important d'arbitrages rendus et quelques naïfs admirent la victoire superbe de la Raison sur la Force brutale, comme si les conflits que l'arbitrage a résolus étaient de ceux qui pouvaient engendrer la guerre!

A une autre époque, ou bien ces difficultés auraient été réglées à l'amiable, ou bien elles seraient restées pendantes. Aucune d'elles n'aurait provoqué la guerre.

Cela est si vrai que tous les traités généraux d'arbitrage qui ont été signés prévoient que seules ne seront pas soumises à la juridiction arbitrale les questions concernant l'honneur et la vie même de la nation.

Or qui donc appréciera la gravité de ces questions, sinon la nation intéressée elle-même. De sorte que l'engagement d'arbitrage le plus sérieux entre deux pays consiste à déclarer: « Nous porterons devant l'arbitre les questions que nous voudrons bien lui soumettre. »

Et c'est donc une illusion complète de croire qu'un traité d'arbitrage peut avoir une autorité pour résoudre pacifiquement un conflit grave.

On peut dire justement: « Si l'arbitrage est accepté, c'est qu'il n'y aurait pas eu de guerre. »

Les adversaires du Pacifisme auraient trop beau jeu si la Paix du monde ne pouvait être imposée d'un façon plus certaine!

L'Alliance humaine substitue au Tribunal d'arbitrage un Pouvoir judiciaire international, imposé aux nations, mais uniquement dans des circonstances bien définies.

Il comprend deux degrés. La Cour de Justice et la Cour suprême.

Cour de Justice

D'abord, une *Cour de Justice* avec trois sections pour les *Personnes*, les *Choses* et les *Territoires*.

Cette Cour juge les nations qui ont un conflit, sur assignation de l'une d'elles.

Peu importe que l'autre nation accepte ou non le débat. Elle fait partie de l'Alliance humaine; elle a la paix assurée, avec l'intégralité de son territoire; elle doit donc être jugée par la Justice de l'Alliance. Si elle fait défaut, elle sera condamnée.

Supposons plutôt qu'elle se défende.

Elle peut faire une demande reconventionnelle.

Et voilà le procès engagé.

Composition de la Cour de Justice

La Cour de Justice comprend un juge de chaque nationalité et un juge suppléant pour le remplacer à l'occasion, et l'aider dans la préparation des jugements et l'étude des conflits.

La présidence appartient chaque mois à une nationalité nouvelle, d'après une *liste* des pays alliés.

Les juges, nommés par les chefs d'Etats, ne font partie de la Cour qu'après agrément de toutes les nations alliées, cet agrément devant être donné dans le mois de la nomination. Ils sont nommés pour deux années, mais peuvent l'être à nouveau, indéfiniment, à la seule condition d'être agréés chaque fois par toutes les nations alliées.

Procédure

1° Quand la Cour a reçu communication de l'assignation d'une nation, elle doit se réunir une première fois dans le délai d'un mois pour information;

2° Les juges des deux nations en cause ne siègent plus. Ces nations sont représentées par deux avocats qui peuvent être des personnalités étrangères à la Cour, spécialement accréditées;

3° Les deux parties en cause présentent leurs observations sur le litige. Elles déposent toutes pièces justificatives;

4° La Cour décide s'il y a lieu à expertise, à enquête, et, dans ce cas, nomme les enquêteurs, d'après un tour de liste, parmi les juges suppléants. La Cour décide également s'ils doivent être accompagnés de spécialistes. Enfin, elle fixe un délai pour l'enquête, et pour toutes communications des parties en cause;

5° Le délai expiré, la Cour se réunit:

Le président lit l'assignation, la réponse du défendeur, les conclusions de l'enquête, il donne connaissance de toutes les pièces communiquées par les parties.

Les avocats plaident alors en lisant un mémoire qui est remis à chacun des juges;

6° Enfin la Cour se retire pour délibérer et pour voter sur les questions posées;

7° La sentence est rendue à la majorité des voix.

8° La Cour fixe le délai d'exécution qui sera imposé à la partie succombante ainsi qu'un délai d'appel, s'il est nécessaire.

Appel

Toute sentence rendue à l'unanimité ou à plus des trois quarts des voix représentées, sera définitive.

Toute sentence rendue à une majorité inférieure aux trois quarts des voix présentes pourra être frappée d'appel par l'une ou l'autre des parties en cause.

Si le jugement comporte plusieurs parties, ayant fait l'objet de plusieurs votes, l'ensemble en est soumis au vote de la Cour, et c'est uniquement de ce vote d'ensemble que dépend le Droit d'appel contre ce Jugement, suivant qu'il a été rendu à une majorité supérieure ou inférieure aux trois quarts des votants.

Par exemple, la Cour décide à l'unanimité que telle nation doit une indemnité. Elle décide en outre, par six voix contre cinq, que cette indemnité sera de 10 millions. L'ensemble du Jugement recueille huit voix contre trois. En conséquence l'appel sera recevable, la majorité étant inférieure aux trois quarts.

Exécution

Si la sentence est définitive, l'affaire judiciaire est terminée; si elle est provisoire, le délai d'appel indiqué par la Cour de Justice permet à la partie succombante d'en appeler. Passé ce délai, la sentence serait devenue définitive.

Cour Suprême

La Cour Suprême constitue, pour les Nations, la plus haute juridiction. Elle juge les appels formés contre les sentences de la Cour de Justice.

Constitution

La Cour Suprême comprend un conseiller par Nationalité.

La Présidence passe tous les mois d'une nation à une autre, d'après une liste des Nations.

Autant que possible les Conseillers de la

Cour Suprême sont choisis parmi les anciens Juges de la Cour de Justice.

Leur nomination doit être agréée dans le mois par toutes les Puissances alliées.

Procédure

Dès que l'appel est formé contre un jugement de la Cour de Justice, celle-ci communique à la Cour Suprême toutes les pièces utiles. La Cour se réunit dans le délai d'un mois; les conseillers des nations en cause ne siègent pas. Après échange d'observations entre la Cour et les avocats des parties, la Cour décide s'il y a lieu à nouvelle enquête ou si la sentence peut être rendue sans retard.

La Cour rend ses jugements à la majorité. Ils sont définitifs.

Un délai d'exécution est indiqué.

Outre son rôle de Cour d'appel, la Cour suprême rend des *Ordonnances* afin d'imposer la Paix, s'il est nécessaire, aux nations, alliées ou non, qui menaceraient de la violer. D'après son règlement de constitution, qui ne pourrait être modifié que par un vote unanime du Congrès, l'Alliance ne peut intervenir que sur la demande d'une des puissances alliées.

L'Ordonnance de la Cour suprême, contre-signée par le président du Comité exécutif, est signifiée aux nations intéressées.

Le Comité exécutif lui donne la suite nécessaire.

Arbitrage

Quoique l'organisation de la Justice entre nations doive permettre à chacune d'elles d'imposer à un adversaire la juridiction de la

Cour internationale, il est de toute évidence que chaque fois qu'elles pourront s'entendre pour hâter la solution d'un conflit, les nations en cause auront le droit de s'en remettre à un arbitrage, soit devant la Cour de Justice, soit devant des arbitres à leur choix. Mais cette question d'arbitrage n'est pas importante au point de vue du Pacifisme parce que, une fois encore, il n'y a recours à l'arbitrage que dans des cas où il n'y aurait pas eu guerre.

C'est, au contraire, quand deux nations n'arrivent pas à s'entendre pour un arbitrage amiable, qu'il est indispensable d'avoir le moyen d'imposer, aux parties en cause, une juridiction internationale offrant toutes garanties d'impartialité et de compétence.

Nul doute que cette juridiction à deux degrés remplisse les conditions indispensables, mais à une condition, c'est qu'il soit possible à cette *Justice* de s'imposer aux nations alliées, et surtout de leur imposer ses sentences.

C'est là l'objet du second organe de l'Alliance humaine, organe exécutif à côté de l'organe judiciaire.

POUVOIR EXÉCUTIF

Il faudrait trouver pour les forces armées de l'Alliance humaine un mot nouveau, qui ne rappelle pas la guerre et les combats comme celui d'*armée*.

Car l'armée internationale n'est pas faite pour se battre, mais au contraire pour empêcher, au besoin par la contrainte, les nations alliées de se faire la guerre.

Comme dans la plupart des constitutions nationales, où le Pouvoir exécutif et le Pouvoir judiciaire sont indépendants, la Cour in-

ternationale et l'Armée alliée agissent en toute
indépendance.

Pour mouvoir et diriger les forces alliées
sur lesquelles reposent la Paix du monde,
l'Alliance humaine constitue le *Comité exécutif*.

Comité exécutif

Composé du représentant, à l'Alliance, de
chaque chef d'Etat allié, ce Comité exécutif
est permanent.

Comme tous les organes de l'Alliance, il
est présidé chaque mois, par l'un de ses
membres, d'après la liste des nations alliées.

Son rôle est de réaliser et de maintenir la
Paix du monde.

Mais son initiative ne va pas au-delà de la
stricte exécution des sentences de la Cour
internationale, quand il y a eu procès, et au
delà de la protection pure et simple de l'inté-

gralité territoriale de chaque nation, si l'une d'elles se trouve en péril.

C'est donc un rôle strictement conservatoire qui appartient au Comité de l'Alliance, sans qu'il puisse s'immiscer dans les affaires particulières des Nations.

Voici d'ailleurs à quoi se borne son intervention.

1° *Exécution d'une sentence*

Supposons qu'une nation, après avoir été condamnée par la Cour suprême à évacuer un territoire contesté et à payer une indemnité de dix millions, laisse passer le délai d'un mois indiqué par la Cour pour l'exécution de la sentence.

Ou bien la nation lésée ne protestera pas, et les choses resteront en l'état, car l'Alliance humaine n'intervient jamais entre les alliés que sur la demande formelle de l'un d'entre eux, ou bien cette nation portera plainte devant l'Alliance.

Le Comité exécutif recevra cette plainte et, dans toutes les séances consacrées à cette affaire, les membres du Comité des nations en cause cesseront de siéger, mais pourront être, non pas les avocats, car il n'est pas question d'engager un nouveau procès, mais les représentants de leur nation afin de fournir au Comité les explications nécessaires.

Le Comité exécutif prendra ses décisions à la majorité.

Son intervention est, d'ailleurs, en quelque sorte mathématique.

S'il est reconnu que la nation condamnée n'a pas exécuté tout ou partie de la sentence définitive, le Comité décidera de la contraindre par la force.

Il fixera l'importance de la manifestation armée qui sera faite. Il désignera la nationalité qui aura la direction des opérations, d'après un tour de liste, avec droit pour la nation désignée de se récuser.

Il règle, en un mot, la façon dont la nation, en révolte contre un sentence, sera contrainte à l'exécuter.

S'il est nécessaire, le Comité ordonne la saisie des douanes, celle du Trésor.

Mais il doit veiller à ne pas laisser les forces armées outrepasser l'objet de leur intervention.

Les mesures à prendre ne sont pas des actes de guerre, mais de simples moyens de coercition pour exécuter un jugement définitif.

D'ailleurs, le Comité exécutif n'a pas qualité pour diriger les opérations de contrainte. Il en fixe exactement les termes, c'est-à-dire d'un côté l'objet à atteindre, et de l'autre, les moyens d'action qui sont donnés au chef des forces armées.

Il lui reste à attendre l'exécution des ordres donnés.

Cependant, afin d'être prêt à toute éventualité, afin de pouvoir compléter les mesures prises, en envoyant, par exemple, de nouvelles troupes, si le besoin s'en faisait sentir, le Comité exécutif désigne un ou deux de ses membres pour assister sur place aux opérations et pouvoir le tenir au courant de tous les événements.

2° *Défense d'une nation alliée*

Il est un autre cas où le Comité exécutif de l'Alliance a le devoir d'intervenir par la force.

C'est le cas où une nation alliée est attaquée soit par une autre nation alliée, soit par une nation étrangère à l'Alliance humaine.

Dans les deux cas, le Comité exécutif désigne les contingents alliés qui devront intervenir dans le but bien défini de défendre l'intégralité du territoire attaqué ou menacé.

La direction de cette défense incombe toujours à la Puissance attaquée.

Le Comité exécutif se fait représenter sur les lieux, et son rôle est de hâter la pacification par les moyens les plus rapides, au besoin même en saisissant des gages chez l'adversaire.

Pénalités

Le Comité exécutif doit remplir un dernier rôle :

Chaque fois qu'il décide l'intervention armée de l'Alliance, il fait établir un état de toutes les dépenses extraordinaires occasionnées par cette intervention.

Cet état doit être homologué sans retard par la Cour suprême.

Et le Comité exécutif en requiert le paiement de la façon suivante :

La nation, dont l'attitude a motivé l'intervention de l'Alliance, doit payer à la Caisse de réserve :

1° Une somme représentant le total des dépenses extraordinaires occasionnées par cette intervention, afin d'en effectuer le remboursement aux Puissances ;

2° Une amende égale à la somme précédente, à titre de pénalité.

En outre, la nation alliée qui aura fait ainsi acte de révolte contre l'Alliance sera mise à l'index pendant une année, c'est-à-dire que pendant cette année, la nation révoltée sera considérée comme sous la tutelle de l'Alliance, sans en faire partie elle-même. Elle subira cette pénalité morale et ne sera plus représentée pendant ce temps à la Cour de Justice, à la Cour suprême et au Comité exécutif.

Forces internationales

Les forces alliées sont un organe de contrainte pour le maintien de la Paix du monde.

L'importance des contingents de chaque nation est proportionnelle à ses ressources, c'est-à-dire au chiffre de sa population.

Armée de terre.

L'armée de terre est constituée par des contingents de chaque nation, comprenant deux hommes par mille habitants.

Ces contingents sont normalement à la disposition de chaque nation qui les emploie au maintien de l'ordre et à la sécurité intérieure.

Mais ils sont inspectés régulièrement par les représentants de l'Alliance humaine, comme on le verra plus loin, et les questions d'armement, d'approvisionnements et d'uniformes sont également réglées par l'Alliance.

L'entretien normal de ces contingents est à la charge de chaque nation.

A première réquisition de l'Alliance, les contingents doivent être neutralisés, c'est-à-dire qu'à partir de ce moment, ils ne représentent plus une force nationale, mais bien une force internationale.

Leur drapeau est alors celui de l'Alliance:

Et toutes les dépenses extraordinaires sont à la charge de la Caisse de réserve de l'Alliance, depuis le moment où le contingent est mis à sa disposition jusqu'à celui où il est rendu à la nation alliée.

Les dépenses extraordinaires sont toutes celles qui s'ajoutent aux dépenses ordinaires d'entretien du contingent.

Quant aux dépenses ordinaires qui incombent à chaque nation, elles sont relativement très inférieures aux dépenses militaires actuelles.

Si, en effet, on divise le montant du budget de la guerre des principaux pays par le nombre des soldats de leur armée active, on constate que l'entretien de cent mille hommes revient actuellement à environ cent soixante millions de francs par an.

Or il est évident que l'organisation de la Paix aurait comme résultats de supprimer bien des causes de dépenses: le service d'espionnage, les cadres de réserve, le matériel et les armes pour la réserve et la territoriale, et surtout cette lutte pour l'armement supérieur qui fait remplacer un canon ou un fusil non pas parce qu'il est usé, mais parce qu'on désire avoir une arme supérieure à celle de l'adversaire.

Toutes les économies possibles résultant de l'organisation de la Paix ramèneraient au maximum à cent millions le chiffre annuel de dépense d'entretien d'une armée de cent mille hommes.

L'économie réalisée par chaque nation serait donc considérable.

Flotte internationale

Les contingents de mer de l'*Alliance* seraient moins régulièrement fixés que ceux de terre. C'est qu'il existe des nations puissantes qui n'entretiennent qu'un marine dérisoire et il est indispensable qu'elles ne se trouvent pas dans l'obligation de créer pour l'Alliance humaine une flotte supérieure à celle qu'elles ont actuellement.

Il est même quelques nations qui n'ont aucune frontière de mer, comme la Suisse, et il paraît logique de les autoriser à n'avoir aucun contingent de mer.

De là le règlement qui fixe l'importance des flottes de l'Alliance :

1 cuirassé par 15 millions d'habitants si la nation considérée est maritime ;

1 cuirassé par 20 millions d'habitants si elle est mixte;

1 cuirassé par 30 millions d'habitants si elle est continentale.

Enfin, aucun navire, si le pays envisagé n'a pas de frontière de mer.

Il est évident que seule la nation intéressée choisira la catégorie dont elle prétendra faire partie.

Les cuirassés de l'Alliance seront, au début de cette organisation, les plus récents de ceux que possède chaque nation.

Ils seront entretenus ordinairement par chaque puissance, mais seront neutralisés et prendront le pavillon de l'Alliance à première réquisition du Comité exécutif.

Comme pour l'armée de terre, les dépenses extraordinaires occasionnées par les réquisitions de l'Alliance seront supportées par la Caisse de réserve.

Chaque nation s'engagera à entretenir un

port de guerre où pourront être exécutés les réparations et carénages.

Les contingents de mer ne comportent ni croiseurs, ni torpilleurs, ni sous-marins, parce que le seul navire propre à exercer une contrainte est le cuirassé.

En principe, les nations alliées s'engageront à ne plus entretenir aucun autre navire de guerre en dehors des contingents prévus. Nous verrons comment les flottes actuelles serviront à ménager pour les Puissances une période de transition.

Commandement des contingents

Les contingents de terre et de mer seront commandés dans chaque pays par un officier général qui dirigera toujours son contingent, dans le cas même d'expédition lointaine.

Lorsque plusieurs contingents seront réunis, le Comité exécutif de l'Alliance, qui les aura réquisitionnés, désignera, au tour de liste, celui des chefs de contingent qui devra prendre la direction d'ensemble des opérations. L'expérience faite en Chine et en Crête a prouvé que cette suprématie donnée momentanément à l'un des chefs n'est pas une cause de difficultés sérieuses.

Mais la nation à qui reviendra le commandement supérieur pourra toujours se récuser, sans en donner le motif, afin d'éviter, par exemple, dans certains pays, des mouvements d'opinion défavorables.

Ce qui doit être répété avec insistance, c'est que pour l'armée de terre comme pour la flotte, il ne sera jamais question de guerre. Les contingents obligeront à exécuter une sentence définitive, ou bien protègeront l'intégralité du territoire d'une nation alliée.

Il y a tout lieu de croire que l'existence

seule de l'organisation militaire de l'Alliance maintiendra la Paix parmi ses adhérents et que les nations étrangères ne commettront pas la folie de s'attaquer à une fédération aussi puissante, et que l'*Alliance* saura maintenir plus puissante qu'aucune nation isolée dans la période de transition.

Comité technique

Le *Comité technique* des forces alliées se compose de deux sections: celle de terre et celle de mer. Chacune d'elles comprend les chefs des contingents de chaque nation. A côté du rôle actif qui peut leur incomber à leur tour pour diriger des opérations de contrainte ou de défense, les chefs de contingents réunis en Comité technique ont une mission d'organisation et d'inspection.

Pour l'armée de terre, ils décident l'impor-

tance relative de chacune des armes, infante-
rie, cavalerie, artillerie, génie, etc...

Ils décident le remplacement des armes
démodées, l'importance des approvisionnements à maintenir dans chaque pays.

Ils vérifient par des inspections la permanence des contingents que doit entretenir chaque nation.

Ils s'assurent que chaque puissance ne
maintient pas sous les armes d'autres troupes
que celles de l'Alliance ou les forces de police.

Ils vérifient le degré d'instruction militaire
dans chaque pays.

Pour la flotte alliée, le Comité technique
s'assure de la disponibilité constante des cuirassés; il établit un rôle de remplacement des
navires trop âgés, de façon à régulariser dans
chaque pays la construction navale, et surtout il cherche à améliorer constamment la
qualité des nouvelles unités, sans poursuivre
la lutte formidable de puissance qui, actuel-

lement, oblige les nations maritimes à construire des navires de soixante millions de francs et plus encore.

Il faut bien se dire que l'entretien par l'*Alliance humaine* de quelques cuirassés ne répond qu'à une période transitoire, mais que, dès que les flottes nationales auront disparu, il faudra penser à supprimer les cuirassés de l'Alliance, afin de les remplacer par de simples transports de troupes, protégés, qui suffiront aux interventions nécessaires.

Enfin, le Comité technique de mer s'assure de l'outillage des ports de guerre et de leurs moyens d'action.

Chacun des comités techniques est présidé, chaque mois, par l'un des chefs de contingent.

Exceptionnellement, les deux Comités se réunissent en *Comité de Défense* pour préparer l'action commune des contingents de mer et de terre.

Construction du matériel

L'organisation de la Paix par l'*Alliance humaine* réduira dans une proportion considérable le matériel à construire chaque année, ainsi que les approvisionnements.

Toutefois, il y aura encore à renouveler, de temps en temps, les canons, les fusils, les cuirassés, et il faudra s'approvisionner chaque année de munitions de toutes sortes.

Si le Comité technique a qualité pour imposer aux nations alliées quelques conditions obligatoires à exiger des constructeurs, chaque gouvernement n'en gardera pas moins son autonomie complète en ce qui concerne la commande du matériel. Le rôle du Comité sera en quelque sorte régularisateur, afin d'empêcher qu'une nouvelle rivalité de puissance n'incite chaque nation à améliorer constamment la valeur de son matériel.

Tant, par exemple, que le Comité décidera

que la pièce de campagne aura un diamètre inférieur à quatre-vingts centimètres, une vitesse de tir inférieure à huit cents mètres et une rapidité de..., il sera parfaitement inutile aux nations de faire des frais d'étude pour transformer leur armement.

Chaque Puissance pourra donc faire construire son matériel et commander ses approvisionnements là où il lui plaira. Celle qui n'aura pas les chantiers ou les fabriques nécessaires restera libre de s'adresser à l'étranger, sans que le Comité technique ou tout autre organe de l'Alliance puisse peser sur ses décisions.

Intervention armée

L'intervention armée de l'Alliance n'aura jamais le caractère d'une guerre.

Elle sera ou bien coercitive, pour exiger l'exécution d'une sentence définitive de la

Cour, ou bien défensive pour sauvegarder l'intégralité du territoire d'une nation alliée.

Cette intervention n'aura pas un caractère national, puisque les contingents qui y coopéreront auront le drapeau et le pavillon de l'Alliance.

Dans tous les cas, les résultats de l'intervention ne pourront aller au delà de l'exécution pure et simple de la sentence de la Cour, ou au delà de la défense du Pays menacé.

Les pénalités imposées à la Nation révoltée seront un motif sérieux pour éviter l'intervention de l'Alliance.

Caisse de réserve de l'Alliance

Si chaque Puissance entretient à ses frais ses contingents, l'Alliance seule devra régler les dépenses d'intervention, qui comprendront les soldes extraordinaires, les transports, la

consommation de munitions ou de matériel, etc.

Pour parer à toute éventualité, les nations
alliées commenceront par verser à la Caisse
de réserve, pendant trois ans, une somme
égale à l'annuité d'entretien de leurs contingents de terre et de mer.

Par exemple, un Pays qui aurait à entretenir cent mille hommes et quatre cuirassés,
devrait, à forfait, verser à la Caisse de réserve
trois fois une somme de cent vingt-quatre
millions (cent millions pour cent mille hommes et six millions par cuirassé).

Il est bien évident que l'Alliance humaine
pourra décider de réduire le versement à la
Caisse de réserve puisque les pays qui moti-
veraient une action militaire en paieraient,
au double, la dépense; mais il est indispensable qu'une Organisation aussi importante
que l'Alliance ait des disponibilités suffisan-
tes. Les trois annuités prévues lui consti-

tueront un capital de réserve de six milliards de francs!

Si importante que soit, d'ailleurs, la valeur de ce versement annuel (qui resterait toujours la co-propriété des Nations alliées), chacune d'elles assurerait sa sécurité au prix d'une économie malgré tout colossale.

Obligée d'entretenir 76.000 hommes et 3 cuirassés, la France dépenserait, chaque année, 94 millions, et devrait verser trois fois 94 millions à la Caisse de réserve. Or, elle a maintenant un budget militaire de 780 millions et un budget naval de 312 millions; au total 1 milliard 92 millions.

Ce serait donc pour elle une économie annuelle de plus de 900 millions bientôt portée à un milliard quand cesserait son versement à la Caisse de l'Alliance.

Les Puissances principales économiseraient, chaque année, six milliards... pour vivre en Paix!

POUVOIR CONSTITUANT

A côté du Pouvoir judiciaire et du Pouvoir exécutif, il y a lieu, pour l'Alliance humaine, de placer un organe constituant, capable de modifier, s'il le fallait, son règlement, ou de prendre telle décision capitale. Mais, afin de donner aux nations adhérentes toute sécurité pour l'avenir, il convient de préciser dans quelles conditions pourrait agir ce *Pouvoir constituant.*

L'Alliance humaine offre actuellement le bénéfice de son organisation aux Etats constitués. Elle a publié son règlement et ses principes fondamentaux. Voici des Nations qui lui apportent leur adhésion, désireuses de bénéficier de la Paix et de la sécurité. Le maintien du *statu quo* international par l'Alliance est pour elles la garantie indispensable et suffisante.

Cependant l'Alliance comporte un *Pouvoir constituant*. Quelles seront ses décisions ? Quelle organisation nouvelle pourra-t-il improviser ? N'y a-t-il pas là pour un Etat quelconque un danger vague, la possibilité d'une surprise imprévue ?

L'Alliance humaine ne l'a pas voulu, parce qu'elle a senti, avant même d'avoir été créée, que seule la sécurité absolue dans l'avenir pourrait décider les Nations à lui donner leur adhésion.

De là les principes fondamentaux de l'Alliance et son règlement essentiellement conservateurs !

Cependant, il fallait prévoir les mouvements de l'opinion qui imposeront peut-être un jour à l'Alliance de modifier sa ligne de conduite.

A cela répond la création du *Pouvoir constituant*, formé par le Congrès de l'Alliance, c'est-à-dire par la réunion de ses deux plus hautes assemblées: la Cour suprême et le Comité exécutif. Mais, si le Pouvoir constituant du Congrès est illimité, si aucun obstacle ne peut être opposé à son autorité souveraine, il est nécessaire que ses décisions soient toujours prises à l'unanimité.

Une proposition recueille-telle dans le Congrès la majorité, elle est publiée sous forme de vœu, préparant ainsi l'opinion à le voir transformé dans l'avenir en une décision. Est-elle accueillie à l'unanimité, la proposition devient décision souveraine.

Ainsi, aucune Puissance alliée ne peut être surprise et seule la volonté unanime de tous les Etats alliés pourra jamais modifier l'ordre de choses établi.

Le Congrès se réunit réglementairement une fois par an, et extraordinairement sur la demande du quart au moins de ses membres.

Composé des conseillers de la Cour suprême et de ceux du Comité exécutif, le Congrès est présidé chaque année par un conseiller exécutif, suivant un tour de liste.

Durant les premières années de son existence, le Congrès ne s'occupera sans doute que d'organiser l'Alliance humaine dans ses détails conformément à son règlement constitutif et à ses principes fondamentaux.

Plus tard, le Congrès de l'Alliance sera l'organisateur du Monde, et après avoir vaincu la Guerre, vaincra sans doute à jamais la misère humaine.

En tous cas, la libre volonté de chaque Puissance alliée sera respectée.

Pouvoir du Congrès

Le Congrès n'a pas le pouvoir *législatif*, mais bien le pouvoir *constituant*.

La nuance est délicate, mais elle est nécessaire, car le Congrès ne légifère pas pour des hommes, mais seulement pour des nations.

L'Alliance humaine ne comporte pas de Pouvoir législatif, afin de bien établir qu'elle ne peut intervenir dans le gouvernement des hommes.

S'il fallait faire une comparaison, on pourrait assimiler la puissance du Congrès de l'Alliance humaine à celle du Saint-Siège. Ni l'un ni l'autre n'a le Pouvoir temporel. Tous deux règnent par leur autorité morale, l'un sur les âmes isolées, l'autre sur les Etats.

Par cette raison même, l'Alliance n'a pas à légiférer, au sens ordinaire du mot. Mais elle peut avoir à préciser les principes généraux sur lesquels sont réglées les relations d'Etat à Etat.

Afin d'éviter tout risque de confusion, ce sont ces principes que nous appellerons constitutifs du *Monde organisé*, et c'est cette constitution inexistante qui fera l'objet des tra-vaux du Congrès, Pouvoir constituant.

Heureusement, il est possible de créer l'Alliance avant d'avoir établi cette constitution : il est même plus facile d'agir ainsi parce qu'il suffit de faire accepter par les Etats un principe unique et fondamental : le maintien du *statu quo* international.

Peu à peu cependant, les points du droit constitutif à établir se présenteront d'eux-mêmes à l'autorité du Congrès, mais il faudra l'unanimité des voix pour fixer chaque point particulier.

Ce sera le travail de demain.

Veut-on, dès maintenant, connaître l'objet des délibérations du Congrès ? Ce sera, par exemple, de fixer le droit de représentation de chaque Nation, car si le règlement constitutif, pour réussir à former rapidement l'Alliance, a prévu l'égalité des Puissances dans l'Alliance, il n'est pas douteux que plus tard les Etats puissants exigeront d'avoir plus d'influence, dans les scrutins, que l'Etat le plus minuscule de la terre. Ce sera justice: et tout fait prévoir que le Congrès arrivera à faire accepter une formule équitable.

Le Congrès devra décider aussi s'il est possible d'imposer le désarmement par la force à des Etats réfractaires. Car le règlement constitutif ne prévoit l'intervention de l'Alliance que dans des cas bien déterminés, et sur l'appel d'un Etat allié.

Et surtout, le Congrès devra préciser le droit des populations. Jusqu'ici, les nations ont asservi les populations, comme jadis les maîtres asservissaient leurs esclaves. L'heure de l'indépendance a-t-elle sonné pour les peuples? Ce sera encore la question de demain.

De tout cela, résulte pour l'Alliance l'obligation de créer de toutes pièces la Constitution du monde.

Certes, chaque pays restera le maître de ses destinées et de ses lois, mais l'organisation du Monde aura une répercussion importante dans chacun des pays alliés.

Créée pour maintenir le *statu quo* international, qui est son principe constitutif, l'Alliance, peu à peu, par la force des choses, et la volonté unanime des nations, organisera le Monde avec équité et justice, pour le grand bien de l'Humanité.

PÉRIODE TRANSITOIRE

Après avoir précisé dans ses grandes lignes l'organisation de l'*Alliance humaine*, il faut montrer qu'il est possible de franchir sans danger la période de transition, car, en mettant les choses au mieux, les Puissances n'adhéreront à l'Alliance que l'une après l'autre, et celle-ci se trouvera d'abord très faible vis-à-vis de puissants Etats militaires, décidés à faire échec à une organisation qu'ils se refuseront à accepter, tant que l'opinion publique de leur propre nation ne les obligera pas à y adhérer.

Pour bien comprendre la question, supposons que la France entreprenne de fonder l'Alliance humaine dans les conditions exposées plus haut, et cherchons quelle pourrait être l'attitude de chacune des Puissances vis-à-vis de cette Alliance.

Tout d'abord, examinons les motifs généraux qui pourraient déterminer une nation à approuver on non l'Alliance humaine.

1º *Economie*

Sans aucun doute, l'Alliance est économique.

La plupart des nations militaires qui se ruinent en armements trouveraient dans cette organisation le moyen de réaliser le programme social qu'elles sont obligées de remettre à plus tard.

En outre, certaines Puissances sont arrivées à posséder une Dette fantastique et ce serait pour elles un avantage précieux, de pouvoir la réduire, chaque année, par l'amortissement, grâce à la diminution des budgets militaires.

2° *Sécurité*

La sécurité que présente pour les alliés l'organisation proposée est, dans le cas le plus défavorable, aussi grande que celle qu'ils peuvent avoir actuellement, car, disons-le sans tarder, les nations alliées seront autorisées par l'Alliance à maintenir leurs forces militaires, tant que leurs voisins n'auront pas traité avec elles d'une réduction progressive des armements, ou tant qu'ils n'auront pas adhéré eux-mêmes à l'Alliance.

Les premières Puissances adhérentes auront donc leur sécurité ancienne intégrale, basée sur leurs forces militaires, et en outre, une partie de ces forces représentera le contingent allié qui pourra servir à une action combinée au nom de l'Alliance.

3° *Justice*

Mais l'adhésion à l'Alliance imposera aux nations la juridiction de la Cour de Justice et de la Cour suprême internationales.

Y a-t-il là un élément inconnu qui puisse effrayer certains Etats ?

Au moment où la France et l'Allemagne ont été tout près d'un conflit, à propos du Maroc, il a été décidé de remettre l'affaire au jugement de la Conférence d'Algésiras.

La Cour de Justice représentera, avec la permanence en plus, une juridiction analogue à celle de cette Conférence.

Il n'est pas croyable qu'un Etat soit capable de préférer la guerre, au recours à un tribunal international.

Mais, dira-t-on, il faudrait au moins réserver les questions intéressant la vie où l'honneur des Puissances.

Mais non, c'est justement dans ce cas-là qu'il est préférable de profiter de la Justice internationale plutôt que d'être obligé de défendre son droit par la force! Un pays est-il attaqué? L'Alliance lui garantit l'intégralité de son territoire!

Donc, à ce point de vue encore, toute Nation peut sans crainte adhérer à l'Alliance!

4° Conquêtes

Mais il est un point où l'organisation internationale devient particulièrement gênante : *Elle empêchera dorénavant les conquêtes !* Aussi toute nation, qui veut encore se réserver la prise de possession par la force de nouveaux territoires, luttera contre l'Alliance pour en empêcher la constitution.

Or, il faut bien se dire que la conquête est le plus souvent un acte barbare et injuste!

Mais il faut aussi constater, par bonheur, que les occasions de conquête se font de plus en plus rares : tous les pays, peu ou pas organisés, ont été rattachés à une nationalité européenne ou américaine. Les grands territoires d'Afrique ont été partagés. Le dernier morceau à prendre était le Maroc, en proie à l'anarchie constante. Pour la paix de l'Europe, la France a renoncé à cette conquête !

La Russie songe-t-elle encore à une expansion en Asie? La guerre japonaise doit avoir apaisé ses ambitions.

Le moment se fait proche où il ne sera plus possible d'asservir les hommes. Seule la volonté populaire pourra exiger un changement de nationalité ou la fédération avec une nation voisine.

Et c'est pour cette raison que la liberté de conquête n'est pas un motif pour rejeter l'Alliance humaine : *il n'y a plus rien à conquérir !*

Pour la moralité humaine, il eût été plus beau, certes, de voir les Etats renoncer aux conquêtes malgré l'existence de nombreux territoires à conquérir ! Il eût été plus digne du principe d'humanité de voir les nations civilisées se confier la mission d'instruire et d'éduquer les derniers peuples sauvages.

Mais la question n'a pas à être posée, puisque l'Histoire a été vécue différemment. Les Puissances civilisées se sont précipitées à la curée des pays sauvages dans un but d'exploitation agricole et commerciale.

Aujourd'hui, l'accord s'est fait entre toutes les puissances coloniales. Les continents ont été partagés.

Accepter l'Alliance humaine qui, en assurant l'inviolabilité des Etats, défend toute nouvelle conquête, ce n'est donc pas faire une concession aux principes de justice et d'équité, c'est simplement accepter l'état de choses établi comme définitif, et assurer sa propre sécurité.

Seulement, l'ère des conquêtes date de si peu que bien des gens n'ont pas encore fait cette remarque qu'elle est définitivement close, faute de territoires à conquérir.

Et les puissances qui ont acquis une gloire militaire récente auront peine à déclarer terminée l'histoire de leurs glorieuses expéditions. Mais il suffira de répandre cette idée pour préparer l'opinion publique des nations les plus belliqueuses, et pour convaincre les gouvernements de l'inanité des rêves de nouvelles conquêtes.

Certes la carte géographique du monde n'est pas intangible ; bien des fois encore

dans l'avenir, des couleurs nouvelles seront
substituées aux anciennes sur des territoires
importants, mais de plus en plus, ces chan-
gements de nationalités ne se feront que sous
la pression de la volonté populaire des intéressés.

On peut donc affirmer que la soif de conquêtes ne peut être un motif pour les Nations
à refuser leur adhésion à l'Alliance humaine.

Si quelques-unes hésitaient pour cette raison à donner leur assentiment à l'Alliance,
leurs propres populations ne tarderaient pas
à manifester leur volonté d'acheter la Paix
définitive, au prix d'une grosse économie d'a-
bord et aussi au prix du renoncement com-
plet à toute nouvelle conquête.

Intérêt des principales nations

Maintenant que nous connaissons les quatre éléments principaux en faveur de l'Alliance ou contre elle, l'*Economie*, la *Sécurité*, la *Juridiction internationale* et le *Renoncement aux conquêtes*, il n'est pas sans intérêt de jeter un coup d'œil d'ensemble sur les principaux Etats, afin d'examiner les chances probables de l'Alliance humaine auprès de chacun d'eux.

En ce qui concerne l'*Economie*, il est bien certain que sans aucune exception toutes les Puissances seraient heureuses de profiter d'une diminution sensible de leurs budgets militaires.

En admettant même que les versements à la caisse de réserve de l'Alliance doivent durer deux ou trois années, ce qui permettrait, du fait des grandes nations, la constitution d'un fonds de réserve de six milliards, l'économie réalisée par elles serait encore de plus de quatre milliards les trois premières années, et de plus de six milliards les années suivantes.

La Russie réduirait son budget militaire de près de 700 millions ; la France et l'Allemagne de 700 millions également, l'Angleterre de 600 millions.

Parmi les Etats les moins peuplés, la Suisse économiserait 30 millions, la Belgique 50 et la Hollande 44 millions. Un seul pays y perdrait parce que son organisation militaire n'est point terminée, c'est la Chine. Avec le règlement de l'Alliance, à son énorme population de 330 millions devrait correspondre un contingent de 660.000 hommes, alors que son armée actuelle n'en compte que 108.000. A côté des contingents réduits de l'Europe, cette armée paraît formidable, mais l'est-elle vraiment quand on songe au chiffre de la population chinoise ? En réalité elle serait tout juste suffisante pour assurer l'ordre et la tranquillité dans le vaste empire asiatique aussi étendu que l'Europe entière.

Si l'on envisage maintenant les économies réalisées par l'Alliance sur les budgets maritimes, on est frappé avant tout de l'importance de celle dont bénéficiera l'Angleterre, soit 674 millions !

La France et l'Allemagne gagnent près de 300 millions, les Etats-Unis 500 millions, le Japon 180 millions.

Il est vraiment inutile d'insister sur ce sujet.

Il n'est pas une nation qui ne serait heureuse de réaliser de si prodigieuses économies !

Passant à un autre point de vue, on peut affirmer que l'Alliance humaine, ayant conquis l'adhésion de tous, assurera la complète sécurité du monde. Mais il faut avouer que pendant la période de transition, ou mieux d'organisation, quelques Etats pourraient éprouver certaines craintes justifiées.

En Amérique, il n'en est rien ; on voit au Sud des nations assez égales comme puissance ; au nord, au contraire, une nation formidable, mais qui domine par sa puissance économique plutôt que par ses armées.

En Asie, en Afrique, aucune difficulté en ce qui concerne la sécurité.

Reste l'Europe.

Soyons sincères : personne ne songe à attaquer l'Espagne.

La Turquie se trouve défendue par les rivalités européennes.

Les nations du centre comme la Suisse, la Belgique, la Hollande, le Danemark, ne sont menacées par personne.

L'Autriche et l'Italie entraînées dans une alliance défensive cherchent avant tout leur propre sécurité.

La Russie a besoin d'une paix durable.

Le nœud de la question se trouve donc entre l'Allemagne, la France et l'Angleterre.

Or si l'on veut être de bonne foi, la solution est facile à trouver.

Au point de vue maritime, une seule nation a sa sécurité liée à la flotte : c'est l'Angleterre. Ni la France, ni l'Allemagne ne peuvent être attaquées par elle avec succès. Il serait donc facile de réaliser le désarmement des flottes en laissant à l'Angleterre le droit de ne le faire qu'en dernier lieu. Qu'importerait à cette nation de perdre sa puissance navale si elle était sûre qu'auparavant, toutes les nations l'auraient perdue ?

Les tentatives connues d'un ministre Anglais pour entamer une conversation à ce sujet avec le gouvernement Allemand prouvent bien que cette opinion est celle du Parti anglais au pouvoir, et de tous les hommes de bon sens, effrayés de la folie des armements.

Au point de vue des armées de terre, la difficulté est plus grande entre la France et l'Allemagne. Supposons que la France ait constitué l'*Alliance humaine* mais que l'Allemagne se refuse à y adhérer avant que sa voisine n'ait désarmé en partie : rien n'empêcherait de le faire puisque les nations déjà alliées auraient leurs contingents disponibles et prêts à secourir la France. Croit-on vraiment du reste que l'Allemagne oserait profiter de cette circonstance pour se précipiter sur nous ?

La question de l'Alsace

N'est-il pas certain, au contraire, que le désarmement de notre part serait considéré par l'Allemagne comme la consécration de sa conquête de 1870 ?

Certes la France aura toujours du côté des provinces perdues un coup d'œil attristé ;

mais avant de se lamenter sur le passé, il faut vivre le présent et préparer l'avenir.

Voulons-nous reprendre de force l'Alsace et la Lorraine? Quel est le gouvernement qui oserait déclarer la guerre dans ce but ?

Alors, si nous sommes décidés à ne pas attaquer, mieux vaut ne pas rester, vis-à-vis de l'Allemagne, les armes chargées, car elles pourraient partir un jour d'elles-mêmes.

Mieux vaut offrir le désarmement que l'Allemagne acceptera comme la consécration du traité de Versailles. Et c'est dans l'organisation nouvelle de l'Alliance humaine que la France aura le plus de chances de retrouver plus tard, pacifiquement, ses provinces perdues. Car un jour viendra peut-être où l'on reconnaîtra le droit des populations à revendiquer telle ou telle nationalité. Ce sera donc à la France de savoir se faire assez apprécier et aimer, pour qu'une majorité se forme en Alsace-Lorraine, bien décidée à exiger un jour soit le retour à l'ancienne frontière, soit tout au moins, l'autonomie provisoire en attendant mieux.

Constitution de l'Alliance

Ainsi, que l'on envisage le point de vue économique, la sécurité, la juridiction internationale, ou le renoncement aux conquêtes, il est certain que l'unanimité des nations pourrait accepter la constitution de l'Alliance sans éprouver un préjudice quelconque, mais au contraire en profitant des avantages considérables de cette entente.

Est-ce à dire que sur la simple proposition de la France, toutes les Puissances vont se hâter de signer leur adhésion à l'Alliance ?

Il n'en est malheureusement rien.

Mais la difficulté ne doit pas nous arrêter.

Il est tout d'abord indispensable de créer

dans le monde un mouvement d'opinion en faveur de l'idée. Il serait à souhaiter que dans tous les centres importants, des conférences fussent faites pour exposer aux populations les grandes lignes du projet, et pour faire naître la contradiction afin d'en démontrer l'inanité.

Après avoir ainsi préparé les esprits, la France devrait faire à toutes les Puissances une proposition nette et précise, montrant avec évidence qu'elle ne conserve aucune arrière-pensée, et que l'ère nouvelle doit être avantageuse pour tous — à l'exception des criminels qui pourraient nourrir encore des projets de conquête injuste.

Ce serait une utopie de supposer que la première proposition d'Alliance sera accueillie avec enthousiasme. Mais il est certain, à l'époque de raison et d'équité où nous vivons, que quelques nations accepteront d'y adhérer : L'Alliance humaine sera fondée ! Les

COMPARAISON ENTRE LES ARMEMENTS ACTUELS DES GRANDES NATIONS
ET LES CONTINGENTS DE L'ALLIANCE HUMAINE. — ÉCONOMIES RÉALISÉES

NATIONS	POPULATION	ARMEMENTS ACTUELS					ALLIANCE HUMAINE			
		BUDGETS MILITAIRES		FORCES NATIONALES		DETTE PUBLIQUE	CONTINGENTS DE L'ALLIANCE		DÉPENSES correspondantes	
		ARMÉE	MARINE	ARMÉE	MARINE		ARMÉE	MARINE	ARMÉE	MARINE
	Millions	Millions	Millions	Hommes	cuirassés	Milliards	Hommes	cuirassés	Millions	Millions
France . . .	38	780	312	580000	42	30	76000	3	76	18
Angleterre .	44	692	786	420000	97	19	88000	3	88	18
Allemagne .	60	850	290	610000	45	20	120000	4	120	24
Italie	33	277	124	270000	15	12	66000	2	66	12
Russie	130	960	200	1380000	3	22	260000	5	260	30
Autriche . .	45	426	46	380000	9	15	90000	2	90	12
Espagne . .	18	159	36	111000	1	10	36000	2	36	12
Turquie . .	24	?	?	310000	1	3	48000	»	48	»
Suède . . .	5,2	75	35	60000	1	1	10400	»	10,4	»
Norvège . .	2,2	18	8	25000	2	1	4400	1	4,4	6
Danemark .	2,5	17	11	10000	2	1	5000	1	5	6
Hollande . .	5,5	55	37	34000	2	2	11000	1	11	6
Belgique . .	7	64	»	46000	»	3	14000	»	14	»
Suisse . . .	3,3	35	»	140000	»	»	6600	»	6,6	»
Egypte . . .	9,8	19	»	24000	»	3	19600	»	19,6	»
Etats - Unis.	84	600	555	100000	39	4	168000	6	168	36
Mexique . .	14	45	»	28000	»	1	28000	»	28	»
Brésil . . .	17,4	61	62	18000	2	3	34400	1	34,4	6
Argentine .	6	46	37	16000	2	3	12000	1	12	6
Chili	3,2	32	50	18000	3	2	6400	1	6,4	6
Pérou. . . .	4,6	10	»	4000	»	1	9200	»	9,2	»
Japon. . . .	32	275	208	220000	26	6	104000	4	104	24
Chine. . . .	350	120	20	108000	1	3	660000	4	660	24
TOTAL.	938,7	5616	2787	4938000	293	165	1877400	39	1877,4	234
		8404							2211	

Dépenses militaires actuelles. 8.404 mill.   Dépenses annuelles de l'Alliance. 2.111 mill.

Économie réalisée. . . . .   6.293 millions

Économie en Hommes. . . . .   3 millions 0,60

Économie en Cuirassés. . . . .   254 unités

Observation. — Dans le tableau ci-dessus, on a évalué à 6 millions l'entretien, l'amortissement et les réparations d'un *cuirassé*. On a supposé son prix d'achat de 50 millions, ce qui donne une annuité d'amortissement de 2 millions à 2 millions et demi.

Pour l'armée de terre, les budgets des grandes nations font ressortir le prix annuel d'entretien de 100.000 hommes à 160 millions environ. On l'a réduit à 100 millions pour les contingents de l'Alliance humaine. En voici la raison : Actuellement, il y a rivalité constante entre les Nations pour arriver à une supériorité d'armement. Les fusils, les pièces d'artillerie sont modifiés ou remplacés avant d'être hors d'usage.

L'organisation de la paix aurait cet avantage de ne plus nécessiter le changement fréquent d'armement. Qu'importerait à une nation d'avoir des armes vieilles de trente ans si tous ses voisins étaient dans le même cas. Il y aurait donc de ce fait une économie considérable sur le matériel et il est certain que l'entretien de cent mille hommes n'atteindrait pas cent millions de francs.

premiers *alliés* seront-ils nombreux ? Comment le dire ? Seront-ils seulement quatre, ou trois ? Qu'importe pourvu que l'Alliance soit créée !

Mettons les choses au pis. Admettons que seule une puissance secondaire adhère au projet. Ce serait déjà un succès.

Le dira-t-on platonique ? Il n'en est rien et nous allons le prouver.

Supposons donc que la première adhésion vienne de la Belgique.

Actuellement ce pays dépense annuellement 64 millions pour son armée. Comme sa population est de 7 millions d'habitants, il devrait entretenir, dans notre organisation, un contingent de 14.000 soldats.

Voilà donc un pays qui du fait de l'Alliance peut, du jour au lendemain, libérer 32.000 hommes sur son armée de 46.000 soldats !

L'économie correspondante serait de cinquante millions par an !

Examinons la situation nouvelle de la Belgique.

La constitution de l'Alliance humaine, de concert avec la France, lui permet de réaliser l'économie importante que nous venons de constater. En ce qui concerne la flotte, la Belgique, qui n'a pas de budget naval, se déclare nation continentale et n'a à entretenir aucun cuirassé.

Mais, comme contre-partie, la France, qui conserve provisoirement son organisation militaire, attribue à une partie de son armée et de sa flotte, le rôle de contingent allié. Elle spécialise donc 76.000 hommes dans ce but — sans rien changer à ses formations. De même, elle crée la division navale des trois cuirassés les plus modernes, *Patrie*, *Justice* et *Vérité*, sous la dénomination de division de l'Alliance, sans retirer ces navires de l'escadre dont ils font partie.

Si donc la France ne bénéficie pas d'une

économie quelconque, du moins l'Alliance ne lui coûte rien.

Au point de vue de la sécurité, il va sans dire que la France y gagne peu. Pourtant elle a l'assurance que la Belgique ne se prêterait pas à une violation de sa neutralité.

Au contraire, la Belgique a un profit con-sidérable puisqu'elle peut déjà recourir à l'ap-pui d'un contingent international de 76.000 hommes, et d'une division navale de trois cuirassés modernes !

Son bilan d'Alliance se résume comme suit : Isolée, elle dépenserait 64 millions par an pour avoir une armée de 46.000 hommes et pas de flotte. Adhérant à l'Alliance, elle ne dépense plus que 14 millions pour avoir la protection de 90.000 hommes (14.000+76.000) et de 3 cuirassés !

Et il faut remarquer que si la Belgique était menacée et attaquée, l'intervention du contingent français ne donnerait pas à la France la siuation de belligéranté, attendu que ce contingent agirait essentiellement comme force internationale défensive, sous la direction du chef de l'armée belge: Ainsi l'appui donné à la Belgique en cas de conflit par le contingent français ne pourrait pas entraîner la France dans une guerre.

Et c'est un des points qui devraient être traités avec toutes les Puissances, dès que l'Alliance serait constituée, ou même sur le point de l'être.

Après quelques nouveaux appels, il est certain que l'opinion publique de plusieurs Etats contraindrait leur gouvernement à suivre l'exemple de la Belgique.

Supposons que l'Espagne et l'Italie adhèrent à l'Alliance !

Voici les contingents alliés qui atteignent déjà une importance réelle :

A côté des 76.000 soldats français et des

14.000 belges, l'Italie apporterait le concours de 66.000 et l'Espagne de 36.000 hommes.

Au total, les contingents alliés approcheraient de 200.000 hommes. Est-ce là peu ? et l'Alliance des quatre nations serait-elle condamnée à l'impuissance ?

L'Espagne, assurée de l'appui défensif de près de 200.000 hommes, pourrait licencier son armée actuelle forte de 110.000 fusils pour ne conserver qu'un contingent allié de 36.000 soldats.

Il est vrai que sa flotte, détruite à l'époque de la guerre d'Amérique, n'a pas été reconstituée ; pourtant elle dépense encore 36 millions pour l'entretien d'un seul cuirassé et de quelques croiseurs sans valeur réelle.

Elle devrait sans doute accepter d'armer un ou deux cuirassés, selon qu'elle se considérerait comme nation maritime ou continentale. Mais la dépense correspondante, amortissement compris, n'atteindrait au maximum que

12 millions, de sorte que sur les deux budgets, l'Espagne réaliserait un bénéfice immédiat de 147 millions par an !

L'Italie pourrait-elle désarmer d'une façon aussi complète ? Et à côté du contingent allié qu'elle devrait entretenir, ne maintiendrait-elle pas une partie de son armée active de 270.000 hommes ?

Son seul voisin étranger à l'Alliance humaine serait l'Autriche. Il est plus que probable qu'elle aurait assez de confiance dans sa partenaire de la *triplice* pour se contenter du contingent international. D'où économie de 211 millions. La Méditerranée serait surveillée par les divisions navales de l'Alliance, en tout 7 cuirassés les plus modernes : 3 français, 2 espagnols et 2 italiens. L'Angleterre commencerait à négocier sérieusement un désarmement qui lui soit profitable.

Alors se jouerait sans doute la partie décisive qui entraînerait l'Europe entière dans la voie du *pacifisme*.

A voir l'exemple de la Belgique, de l'Espagne et de l'Italie qui jouiraient d'une paix garantie par les partenaires, les autres nations trouveraient sans doute ridicule de payer les lourds impôts nécessaires à gonfler leurs budgets militaires pour assurer une Paix que personne ne ferait mine de troubler. Et alors il est plus que probable que la volonté populaire obligerait soit la Russie, soit l'Autriche, soit toute autre nation à adhérer à l'Alliance.

Ce jour-là serait la réalisation complète de l'œuvre pacifiste, car l'Alliance ayant la majorité de la vieille Europe imposerait le désarmement.

Et ou bien elle l'imposerait par la force, en faisant armer exceptionnellement les Puissances alliées, pour présenter aux dernières nations militaires un véritable ultimatum, ou bien, beaucoup plus simplement, et aussi plus logiquement, l'Alliance l'imposerait par la raison en désarmant elle-même les dernières nations alliées restées dans l'expectative.

Le jour, par exemple, où la Russie aurait manifesté sa volonté d'entrer dans l'Alliance humaine, ce jour-là, la France pourrait désarmer sans risque aucun, car les seuls contingents alliés seraient de près de 460.000 hommes, sans compter les forces russes encore existantes, et sans compter l'armée française qui, biffée d'un trait de plume de la statistique, et même licenciée, pourrait pourtant, en cas d'agression subite, être reconstituée en partie en quelques semaines. Et si l'on disait que l'attaque brusquée de l'Allemagne rendrait alors impossible cette reconstitution, on pourrait répondre que l'Allemagne aurait sur son dos l'armée russe entière, ou en tous cas les 260.000 hommes de son contingent, et de face les contingents français, italiens, espagnols qui formeraient rideau pour permettre à l'armée française de se mobiliser.

Mais cette hypothèse est invraisemblable.

Le jour où l'Allemagne se trouverait en présence d'une France prête à désarmer, appuyée par un certain nombre de nations alliées et désarmées, mais protégées par des contingents solides, gardiens de l'ordre public, on ne peut pas imaginer que cette nation, si belliqueuse soit-elle, pourrait faire autre chose que se réjouir d'être elle aussi libérée de la charge écrasante de la paix armée, menaçant journellement son essor industriel et commercial.

Ce serait alors l'organisation générale de l'Alliance humaine.

Dès le début sans doute la jeune Turquie aurait donné son adhésion, car cette nation est celle qui connaît le mieux la puissance d'une garantie internationale.

Exemple de la Turquie

N'y a-t-il pas un exemple frappant, pour la théorie que nous soutenons, dans ce fait que l'Europe a pu, malgré tout, intervenir en Turquie avec succès ?

A ceux qui prétendraient qu'une Nation ne serait pas certaine, en cas d'attaque, de l'appui des contingents alliés, n'est-il pas probant de montrer combien l'Europe, sans véritable droit pour intervenir, a pourtant empêché de sa propre autorité, soit l'écrasement de la petite Grèce par la Turquie, soit le déchirement de cette même Turquie, pendant une période où un voisin quelconque aurait pu lui arracher Constantinople, avec un débouché sur la Méditerranée ? Et quand la Crète était dans un tel état d'anarchie que l'existence n'y était plus tenable, l'Europe n'est-elle pas intervenue pour y ramener le calme et l'ordre ?

Etant donné le principe fondamental de l'Alliance d'assurer à chaque Puissance son inviolabilité, et de n'intervenir que sur la demande expresse de l'autorité du pays, la Turquie serait la première à rechercher dans cette organisation une économie si importante et si désirable, en même temps qu'une sécurité dépendant non pas de ses forces militaires, mais bien de la signature de l'Humanité toute entière !

Les Nations neutralisées

N'y a-t-il pas en faveur de notre thèse une autre preuve décisive, dans la sécurité constante où vivent les nations neutralisées par la garantie de l'Europe ?

Voit-on vraiment l'Allemagne ou la France profiter d'une guerre heureuse, pour annexer la Suisse ou la Belgique, en admettant que l'attitude de ces pays ait été conforme aux traités ?

Et pour prendre l'exemple le plus frappant, le pays le plus certain de son indépendance n'est-il pas le Maroc depuis que l'Europe l'a placé sous sa protection ?

Quelle est la Nation puissante qui ne serait pas heureuse d'être aussi bien défendue, non pas par des protecteurs, souvent gênants ou exigeants, mais par la jalousie des Etats à l'égard les uns des autres ? Supprimez toutes les interventions dont l'Europe s'est adjugé le droit au Maroc, à propos de la police, de l'administration des douanes, des finances ou des travaux publics, et ne considérez que l'engagement solennel des Puissances de maintenir l'indépendance et l'intégralité du Maroc : voilà la garantie exacte que peut assurer l'Alliance-Humaine.

Hier, le Maroc s'attendait à chaque instant à devenir la proie de la France, de l'Espagne, à moins que ce ne fût de l'Angleterre ou de l'Allemagne.

Il a suffi d'une conférence, et dans cette conférence d'un vote unanime, pour rendre le Sultanat, vermoulu pourtant, plus intangible et plus solide que l'empire germanique. Ce dernier n'a comme défense que deux millions de soldats qui pourront un jour rencontrer devant eux deux autres millions d'ennemis. Tandis que le Maroc, tout branlant qu'il est, est gardé nuit et jour par toute l'Europe, unie par l'envie.

Et cette sécurité deviendra plus complète encore quand l'union des Puissances aura pour principes la justice, l'équité, enfin la volonté réciproque de ménager les droits et de respecter les biens de chaque Nation !

Emploi des économies

Et quelle éloquence, aussi, quelle source de persuasion le Raisonnement peut-il trouver au profit de la thèse de l'*Alliance Humaine*, dans l'emploi possible des économies réalisables sur les budgets militaires ?

Quels rêves merveilleux pourront provoquer dans les esprits les moins imaginatifs les promoteurs de l'Alliance, quand ils prouveront, chiffres en main, que la Paix du Monde ne coûtera à l'Humanité qu'une économie de six milliards chaque année !

Que de souffrance à calmer avec six milliards, que de faim à apaiser, que de maladies à guérir !

Mais aussi que d'œuvres sociales réalisables avec un tel trésor, qui resteraient irréalisables dans l'Humanité armée !

Ou bien que de travaux merveilleux à entre-

prendre qui pourraient, en dix années, changer l'aspect de la Terre plus que l'Humanité
du XIXe siècle n'avait fait en cent ans !

Avec 60 milliards, quels sont les isthmes
qui résisteraient à la pioche de l'ingénieur,
quel est le canal qui n'arriverait à bout de
réunir les mers les plus éloignées; quelle est
la ligne ferrée qui n'atteindrait les centres
les plus distants des continents sauvages ?

Ou bien encore, avec 60 milliards, que de
tunnels à percer sous les mers pour relier
par exemple l'Angleterre à la France, l'Algérie à l'Europe, la Corse et la Sardaigne au
continent ?

Et quelles expériences à entreprendre, quels
essais à tenter, quels travaux nouveaux à réaliser pour aménager enfin, au profit de l'Humanité pacifiée, le petit globe terrestre sur
lequel elle est prisonnière ?

LE DROIT DES NATIONS

Est-il besoin d'étudier dès maintenant la doctrine sur laquelle s'appuiera la Justice des Nations, quand elle aura à départager plusieurs Etats ?

Le mieux et le plus simple n'est-il pas de laisser la Cour maîtresse de son jugement, et de ne pas lui imposer à l'avance un Droit international ?

Car le Droit international n'existe pas, si étrange que cela paraisse ! Le jour où il sera établi, son premier article consistera à condamner le vol et l'assassinat, c'est-à-dire le rapt des territoires et la guerre !

Mais il est évident que les Jugements rendus par la Justice des Nations créeront une jurisprudence et, dans l'avenir, constitueront le Droit international.

Pourquoi compliquerait-on, dès à présent, la question en prétendant légiférer pour les Etats, avant même d'avoir établi les deux organes sans lesquels ne pourrait fonctionner la Justice de ces Etats, la Cour qui juge et les forces armées qui préviennent ou répriment les conflits, et exécutent les jugements rendus ?

Pour créer tout d'une pièce le Droit des Nations, il faudrait des Congrès, il faudrait dix années !

Au contraire, les deux pouvoirs internationaux constitués, la jurisprudence créera peu à peu la Loi sans heurt, sans complication, sans retard, et avec cet avantage immense qu'il ne sera pas besoin d'une nouvelle loi pour abroger une loi désuète ou reconnue mauvaise.

La majorité des avis, dans la Cour, constituera immédiatement la Jurisprudence, bonne pour un certain temps, mais sans l'illusoire pensée qu'elle sera la Loi définitive éternellement entre les Nations.

Cependant, si la Loi écrite n'a pas besoin d'être publiée en ce moment, il est indispensable que le Principe général sur lequel reposera la Justice de l'Alliance soit connu et accepté avant la constitution même de cette alliance.

Ce sera le maintien *du statu quo territorial, entre Etats différents.*

Et le Règlement de l'Alliance qui proclamera ce Principe ne pourra être modifié lui-même que par un vote unanime des Nations alliées.

Il y a là pour toutes les Puissances, mais surtout pour celles qui hésiteraient encore à donner leur adhésion, la meilleure garantie pour l'avenir.

Certes, il serait à souhaiter qu'en constituant l'Alliance, les Nations n'envisageassent que le bien de l'Humanité et celui de leurs populations.

Malheureusement, l'organisation du Monde en Nations est si enracinée que les gouvernements confondent trop souvent l'intérêt de la Nation et celui de la Population. La Nation est une entité qui répond souvent mal à la réalité des faits.

Pour n'en citer que deux exemples, quelle réalité concrète représente l'Autriche ou la Turquie ? Et n'est-ce pas un défi porté au bon sens que de voir un gouvernement soutenir, de Vienne, les intérêts des Allemands, des Tchèques et des Croates de l'Empire, ou de voir, à Constantinople, un Ministère gouverner des Grecs, des Albanais, des Macédoniens, en même temps que les Arabes de la Mecque ?

Mais à vouloir trop embrasser, on n'étreint rien !

Quelque désirable donc que soit la substitution du Droit des Populations à celui des Nations, c'est ce dernier seul que nous devons envisager, parce que ce sont les gouvernements de ces Nations qui seuls pourront adhérer à l'Alliance !

Si donc cette dernière prétendait menacer les frontières établies, pousser à la révolte les Races opprimées ou les Peuples asservis, pas un Gouvernement ne lui donnerait son adhésion !

Si, au contraire, il est bien établi que le seul Principe de l'organisation nouvelle est le maintien du statu quo et que ce principe ne pourra être modifié que par la volonté unanime des Puissances, quel empêchement pourraient invoquer les gouvernements établis pour ne pas donner à l'Alliance leur adhésion formelle ?

Pour cette raison-là, mais pour cette seule raison, l'Alliance, en se constituant, reconnaît et consacre l'Etat de choses international, et le Droit souverain des Nations à maintenir leurs frontières telles qu'elles sont actuellement fixées !

LE DROIT DES POPULATIONS

Si la création de l'Alliance Humaine était chose facile, si tous les gouvernements civilisés étaient prêts à adhérer à une organisation, qui ne vise que la suppression de la guerre, il serait plus facile d'établir son Règlement, et l'on pourrait, dès maintenant, affirmer certains Principes du Droit international, qui ne seront malheureusement appliqués par l'Alliance que plus tard, quand l'égoïsme gouvernemental aura fait place à l'équité générale.

On est donc obligé, pour rendre possible

la constitution de l'Alliance, de ne pas faire
fi de certaines règles conventionnelles, quoi-
qu'injustes, et pour ne pas effaroucher les
gouvernements, de maintenir encore certaines iniquités, parce que vouloir les supprimer serait vouer à l'échec fatal l'entreprise
principale, c'est-à-dire la suppression de la
guerre.

Et c'est pour ce motif que le Principe fondamental de l'Alliance sera la garantie du
statu quo international !

Il serait assurément plus juste de substi-
tuer au droit des nations celui des Populations !

La nation ne représente pas toujours un
groupement rationnel; en tous cas, bien des
populations sont encore aujourd'hui asser-
vies, non seulement dans les colonies lointai-
nes, où l'ignorance des races peut expliquer
et justifier la suzeraineté d'une Puissance
européenne, mais aussi en Europe même.

Si l'on était libre d'organiser tout d'une pièce l'Humanité, sans nul doute on affirmerait avant tout le Droit des Populations, c'est-à-dire le droit qu'ont les individus d'une même race, vivant ensemble, de choisir leur nationalité. L'application de ce Principe serait simple et équitable. Un referendum suffirait à déterminer les nationalités et, par conséquent, les frontières. Dès lors, plus de conflit, plus de guerre.

Mais l'égoïsme des nations est encore trop grand pour apprécier une Justice qui aurait comme résultat d'amputer certaines Puissances Européennes et, avant tout, les Puissances coloniales !

Et puis ce ne sont pas les Populations qui fonderont l'Alliance Humaine. Ce sont les Nations, représentées par leurs chefs d'Etat, par leurs gouvernements. C'est avec ces derniers que l'Alliance aura à traiter et non pas avec les populations, trop souvent réunies sans aucune raison que la force brutale, sous une même nationalité.

Cependant, un jour viendra où l'Alliance Humaine, à l'unanimité, modifiera son règlement et rendra aux Populations leur Droit souverain. Combien verra-t-on, ce jour-là, de provinces ou de colonies s'affranchir de leur domination actuelle ? Quand la seule expression de la volonté suffira à un peuple pour choisir son drapeau, combien verra-t-on de couleurs changées ?

Le Transwaal, les Indes, l'Egypte ne s'affranchiront-ils pas de l'Angleterre ? La France pourra-t-elle conserver l'Algérie, Madagascar et l'Indo-Chine ? L'Irlande revendiquera-t-elle son indépendance ? Enfin quelle sera la volonté des provinces Danoises et de l'Alsace-Lorraine, annexées à l'Empire Allemand ?

Le Droit à la nationalité de son choix,

n'est-ce pas, pour une population, un idéal qui éloignera enfin l'Humanité de la Barbarie des temps actuels ?

Car, il faut l'avouer, c'est à l'état de barbarie que nous sommes encore, puisqu'il faut discuter pour faire réprouver la Guerre, puisque le Pacifisme est bafoué par les soi-disant patriotes !

Et c'est pour cela qu'il faut se contenter d'une Réforme incomplète; c'est pour cela qu'il faut reconnaître encore le Droit des Nations *contre* celui des Populations.

Un jour, on ira plus loin; ce sera l'œuvre de Demain !

Aujourd'hui, il doit suffire au Monde de recouvrer la Paix, tant de fois violée par la Paix armée !

Pourtant, dès maintenant, il faut un amendement au Principe fondamental de l'Alliance.

Si le maintien du statu quo international

est la base de son règlement actuel, que seul pourra modifier la volonté unanime des nations alliées, il faut admettre aussi dès maintenant que, sans jamais intervenir dans un conflit intérieur, l'Alliance devra consacrer et reconnaître le changement accompli, l'indépendance conquise de haute lutte ou même pacifiquement.

Du moment que le changement sera un fait accompli, l'Alliance sera encore fidèle à son principe fondamental en consacrant le nouvel ordre de choses.

Intervenir dans un conflit intérieur, pour maintenir une population sous la domination actuelle, serait, de la part de l'Alliance, une injustice manifeste.

Intervenir plus tard pour enlever à cette même population les fruits de son énergie et de son courage, serait une iniquité monstrueuse.

Ainsi la seule attitude possible de l'Al-

liance, dans un conflit intérieur, c'est l'abs-
tention.

Et c'est, pour le Droit des Populations, une
fiche de consolation de savoir qu'en dépit du
Principe général du maintien du statu quo
international, une population pourra encore,
dans certains cas, s'affranchir, comme l'a fait
la Crète, et faire reconnaître par l'Alliance
soit son indépendance, soit son rattachement
à la Nationalité de son choix.

L'œuvre de l'avenir sera meilleure: celle
d'aujourd'hui est vraiment assez belle !

———————

LE MOMENT D'AGIR EST-IL VENU ?

Plusieurs Patriotes, après avoir approuvé le projet d'Alliance Humaine, nous ont dit: « Certes, l'idée est bonne et belle, et nul doute que dans un avenir éloigné l'Humanité se décide elle-même à s'organiser ainsi. Ce jour-là, il y aura une Justice internationale, appuyée sur une armée des Nations ! Mais il faut attendre ! »

Eh bien ! il faut protester avec force contre une telle conclusion ! Si le règne actuel de la

Force brutale et de la violence au mépris de la Justice est une honte pour l'Humanité, c'est un devoir pour tous d'y mettre un terme le plus tôt possible, sans attendre qu'une dernière guerre sanglante vienne révolter les cœurs les moins sensibles.

L'Humanité veille, et parmi elle surtout la chair à canon nombreuse pour laquelle se construisent les explosifs et les projectiles ! Non ! l'homme ne veut plus servir, en se faisant tuer, les appétits des misérables qui ferment les yeux pour n'y pas voir !

Tous les intérêts en jeu n'auront pas la victoire sur la volonté puissante des peuples! Il faut clore l'ère barbare de la Guerre. Il faut organiser la Paix!

L'heure est propice et le hasard a voulu qu'au moment où l'esprit des nations était mûr pour cette révolution, la situation générale du monde en rendait la réalisation facile.

Supposons que l'idée du Pacifisme fût

venue il y a un siècle, par exemple, ou même il y a trente ans. Aurait-il été facile d'établir une Cour de Justice internationale dont le caractère doit être surtout conservateur, à l'égard des frontières?

Quelle est la nation qui aurait voulu se lier les mains, alors que l'ambition coloniale était à son apogée et que les grands Etats se partageaient plusieurs parties du monde?

Qu'eût pu répondre une Cour de Justice à des nègres qui auraient protesté contre l'occupation de leur pays? Consacrer cette conquête, au mépris de la Justice, ou bien s'y opposer et maintenir dans la barbarie pour des siècles les hordes noires, indépendantes!

Ainsi, le partage désiré des terres d'Afrique aurait suffi à faire échec au projet du Pacifisme organisé!

Mais aujourd'hui, le même obstacle est-il encore devant nous?

Un simple coup d'œil sur la carte du monde, et l'on comprend que rien de pareil n'existe plus.

L'Afrique entière est nationalisée. Entre l'Angleterre, qui domine de l'Egypte au Cap, avec une enclave au Niger, la France qui administre l'Afrique du Nord, l'Afrique occidentale et Madagascar, l'Allemagne avec ses possessions de l'Equateur, l'Espagne et le Portugal, tout le sol de l'Afrique arbore un pavillon européen, jusqu'à l'Etat indépendant du Congo qui maintenant est rattaché à la Belgique.

L'Asie est aussi partagée : la Corée, la Mandchourie et la Sibérie sont maintenant attribuées à leurs occupants et, de l'Indo-Chine à la Perse, chaque pied de terre fait partie d'un grand Etat.

Seul le Siam, qu'on aurait pu croire destiné à devenir soit Français, soit Anglais, reste indépendant !

L'Océanie est également divisée entre les puissances coloniales. Pas une île où ne flotte le pavillon d'une grande nation, à l'exception des Nouvelles-Hébrides où côte à côte deux drapeaux sont arborés: celui de France et celui d'Angleterre.

L'Amérique est aussi bien organisée en Etats indépendants qu'aucune autre partie du monde. Et la vieille Europe maintient ses anciennes divisions avec la question toujours brûlante d'Alsace-Lorraine.

Ainsi, la terre est occupée en totalité, et les ambitieux doivent à présent oublier leurs rêves de conquêtes. Il ne reste plus rien à prendre!

On ne peut donc pas dire que la nécessité pour les Etats de planter leur drapeau sur les terres sauvages, puisse faire obstacle à l'établissement définitif de la Paix. Le moment est donc merveilleusement choisi!

C'est à présent, et non pas dans cent ou

deux cents ans, qu'il faut organiser la Justice des nations et la Paix.

Pourquoi attendre? Pour permettre à ceux qui fabriquent ou qui vendent des canons, des fusils, des cartouches, ou des vaisseaux de guerre, de s'enrichir au détriment des malheureux ? Ou bien encore, pour permettre aux diplomates d'avoir l'air tous les ans de sauver l'Humanité, alors qu'ils jouent avec le feu, sans vergogne, avec le cynisme le plus éhonté, sans rougir à cette pensée que leurs amusements vont peut-être jeter les uns sur les autres cent millions d'hommes, dont un grand nombre sera massacré ?

Faut-il donc cent ans pour réfléchir à cette idée que la Paix vaut mieux que la guerre?

Certes, nous avons entendu soutenir que la guerre était utile: qu'elle élevait les caractères, qu'elle trempait les âmes. Mais j'imagine qu'il y a cent autres moyens d'élever les caractères, et que la guerre rapproche plus l'homme de la bête sauvage que de l'idéal ?

Dira-t-on que le nombre des hommes augmente et que la guerre un jour deviendra une nécessité afin de permettre à tous de pouvoir trouver sur terre leur nourriture suffisante ? Voilà, certes, un raisonnement bien ridicule. Il est certain que le jour où l'Humanité sera trop nombreuse, il sera facile d'arrêter son accroissement.

Plutôt que d'envoyer tuer les meilleurs et les plus beaux hommes, il sera alors plus équitable de mettre obstacle à la reproduction des chétifs, des malingres et des malades. On pourra simplement relever l'âge minimum exigé pour le mariage. En tous cas, ce sera un problème à résoudre dans quatre ou cinq siècles et non pas actuellement.

En ce moment, les hommes qui raisonnent ne voient qu'une chose. C'est que si la Paix définitive peut être organisée, c'est un crime de ne pas le faire immédiatement.

Et ils pensent qu'il est honteux, au moment où aucun obstacle n'empêche d'organiser le Pacifisme, de se ruiner en armements de toutes sortes.

Ainsi, il est temps d'agir parce que la terre entière est conquise et que le Pacifisme ne se heurtera pas à l'esprit de conquêtes des grandes Puissances.

Mais il y a une autre raison pour agir dès maintenant. Les nations *se ruinent* en armements. Le mot n'est pas exagéré, et l'on peut se demander quelle folie est celle des gouvernements qui acceptent de laisser aux générations à venir des dettes formidables, alors que la Paix organisée suffirait à elle seule à économiser des milliards, avec lesquels les dettes seraient amorties en peu d'années !

Par ailleurs, les lois d'assistance et de retraite aux travailleurs sont en discussion dans la plupart des Pays civilisés. Le seul obstacle à leur vote se trouve dans l'état des finances publiques qui ne permet pas une nouvelle dépense annuelle de centaines de millions.

Aussi peut-on dire qu'avant peu les nations devront choisir : ou bien continuer les armements militaires ruineux et rejeter les lois sociales, ou bien, pour rendre possible la réforme sociale, accepter définitivement le désarmement et le Pacifisme.

Ainsi, les nations qui s'opposeront le plus à l'organisation de la Paix y seront contraintes, avant peu d'années. Celles qui, volontairement, auront eu un geste de bel humanitarisme seront honorées ; les autres n'y auront rien gagné, que peut-être une bonne révolution !

Pour notre Patrie, n'hésitons pas à choisir !

ÉCONOMIES RÉSULTANT
DU DÉSARMEMENT

Un milliard de francs économisé chaque année par la France, tel est le résultat financier qui découle de l'organisation du Pacifisme telle que nous l'avons conçue !

Les critiques chagrins feront bien remarquer que la totalité du budget supprimé ne constituera pas une économie.

Nous prétendons prouver facilement que non seulement l'économie atteindra le milliard, mais encore qu'elle le dépassera de beaucoup !

Actuellement les impôts de toutes natures sont payés par 38 millions de citoyens dont la moitié sont des Françaises, c'est-à-dire pour la plupart ou bien des enfants, ou bien associées par le mariage au chef masculin de leur nouveau foyer.

Les quatre milliards de francs qui sont perçus chaque année pour notre budget proviennent donc, en majeure partie, de 19 millions d'hommes, sur lesquels plus d'un tiers a moins de vingt années et par conséquent ne paye pas d'impôts. En défalquant aussi les vieillards et les infirmes, il reste environ 12 millions d'hommes qui apportent au budget quatre milliards de francs d'impôts. Il est vrai que les autres vingt-six millions de Français consomment aussi, mais en quelque sorte par l'intermédiaire des 12 millions d'adultes masculins.

Ce sont ces douze millions de travailleurs qui font la force et la fortune du pays.

Or, actuellement, il y a chaque année cinq cent quatre-vingt mille hommes, dans toute la force de leur âge, retenus sous les drapeaux.

A quelque classe sociale qu'ils appartiennent, ils sont l'élément le plus vigoureux de la nation comme santé, comme énergie, comme travail.

Or, ce sont actuellement 580.000 non-valeurs. Demain ils produiront, et il est probable qu'ils produiront plus en moyenne que les autres hommes. N'exagérons pas et supposons leur la même puissance économique.

Ce serait environ le vingtième de la production du pays qui viendrait l'accroître, c'est-à-dire que notre budget de recettes pourrait passer rapidement de quatre milliards à quatre milliards deux cents millions. Soit un gain de deux cents millions de francs par an.

Croit-on que le bénéfice réel ne serait pas supérieur à cela ?

N'est-il pas certain que le seul fait de supprimer l'arrêt momentané de la vie économique de notre jeunesse, ne la fera pas produire bien plus tôt ?

En Amérique, en Suisse, où le service militaire ne constitue pas une gêne, on voit les jeunes gens de quinze et seize ans, déjà engagés dans leur carrière, déjà producteurs, parce qu'ils peuvent déjà avoir des plans d'avenir.

Chez nous, le jeune homme ne fait que du provisoire jusqu'au moment de l'appel sous les drapeaux.

Sachant qu'il devra, à 21 ans, quitter pendant deux années la vie sociale et économique, il ne peut pas préparer à seize ans quoi que ce soit. Toute tentative d'un essor quelconque lui serait dangereuse. Ce pourrait être pour lui la faillite, la ruine pour plus tard.

D'autant plus que dans l'industrie on n'aime pas employer un garçon de 18 ans qui partira au régiment dès que formé.

Ainsi la vraie richesse de production que représentent les 580.000 jeunes hommes libérés du service par l'organisation du Pacifisme, se traduira par plus de 200 millions d'impôts perçus par l'Etat seul.

Les communes, les départements y gagneront autant; quant au Pays lui-même, son avantage est facile à prédire. Supposons que ces 580.000 jeunes hommes soient tous des travailleurs et fixons seulement à six francs leur gain journalier, ce qui est faible pour une moyenne. Ce serait donc deux mille francs de salaires annuels pour chacun, représentant une production réelle au moins double. Mais ne comptons que sur deux mille francs. Pour la totalité de ces jeunes gens, cela fait un milliard cent soixante millions de francs. En réalité, l'accroissement de production de la France, c'est-à-dire de sa vraie richesse, serait bien plus forte. Elle atteindrait facilement 2 milliards, sur lesquels deux cents millions iraient grossir notre budget de recettes.

On voit de quelle importance, au point de vue financier, peut être la suppression du budget militaire.

Il y a plus.

On supprimerait exactement un milliard de francs dépensés aujourd'hui à concurrence de sept cents millions pour la guerre et de trois cents millions pour la flotte.

« Economie fictive, clament nos adversaires ! L'Etat nourrit cinq cents mille hommes, ils devraient toujours vivre ! c'est-à-dire manger ! »

Certes, répondons-nous, mais à manger sans travailler, un homme n'enrichit pas son patron ! Nous avons vu que les soldats libérés travailleraient pour vivre et grossiraient la recette annuelle de l'Etat.

Pour le budget national, il y a donc bien économie du milliard de francs. Qu'elle soit progressive si tous les services ne peuvent être supprimés d'une seule fois, il se peut; mais en fin de compte, il y aura bien un milliard économisé par l'Etat !

En réalité, il y aura beaucoup plus !

Car si un salarié n'enrichit pas son patron sans travailler, le travail inutile, nuisible, d'une nation, ne l'enrichit pas plus.

Quand un cultivateur produit du blé ou du vin, il apporte sa part à la richesse de production du pays. Mais quand un constructeur fabrique des canons ou arme un cuirassé, il n'y a aucun gain pour le pays. Et alors non seulement il y a dépense improductive de la part de l'Etat, mais encore le pain que mangent les milliers d'ouvriers qui ont contribué à cette production inutile, doit être produit par d'autres ouvriers, dont le travail utile vient combler le déficit du travail négatif des premiers.

Supposons que dans un Etat tous les travailleurs ne fabriquent que des objets inutiles à la vie matérielle; pourraient-ils vivre entre eux si l'on admet que l'exportation leur soit fermée; ne serait-ce pas pour eux la ruine et la famine ?

Une Nation est d'autant plus riche que chacun de ses membres produit plus de choses utiles soit à l'alimentation, soit au logement et à l'habillement de ses membres. Un peu de beauté, un peu d'art ne nuisent certes pas, mais doivent passer en seconde ligne. Quant à la production militaire, canons, fusils, etc., c'est une perte sèche pour le pays.

On peut donc conclure que le milliard économisé par l'Etat serait bien un bénéfice pour lui et que par surcroît le pays y gagnerait une production effective et utile qui viendrait remplacer la production négative. On peut admettre que sur le milliard du budget militaire, la seule partie utile représente la nourriture et l'habillement. Il y en a pour cent cinquante millions. Le reste, soit huit cent cinquante millions, serait le gain de production nationale dont bénéficierait le pays, et qui devrait s'ajouter à la somme de 1 milliard deux cents millions dont nous avons vu plus haut l'origine dans la production des hommes jeunes, affranchis du service.

En résumé, le gain réel serait:

Pour l'Etat: un milliard deux cents millions de francs.

Pour les Communes et les Départements: plusieurs centaines de millions.

Pour le Pays: au moins deux milliards de francs et probablement trois ou quatre.

Est-il besoin de dire ici quel emploi serait

possible de l'économie directe dont bénéficie-rait l'Etat ?

Autant passer la revue de toutes les lois sociales qui attendent des ressources problématiques.

Mais, sans contredit, le meilleur emploi du milliard serait, après avoir réalisé les retraites ouvrières, l'amortissement de la Dette publique !

Seul le Désarmement peut nous sauver d'une banqueroute qui s'annonce de jour en jour plus inévitable ! Seul il peut supprimer notre Dette.

De quelle richesse merveilleuse jouirait alors notre Pays déchargé à la fois de son budget militaire et de son budget de dette !

Quel est celui qui, de sang-froid, peut ne pas prendre en considération un programme, capable d'amener pareil résultat ? Celui-là ne pourrait être que fou ou criminel ! Fou s'il ne comprenait pas la réalité des résultats à prévoir, criminel si, la comprenant, il hésitait à donner son adhésion à l'organisation du Pacifisme !

Et ce résultat, merveilleux pour la France, toute autre nation peut y prétendre, dans la limite de son budget militaire actuel. Le bénéfice est le même pour tous. Mais la gloire sera bien due à l'Etat qui, le premier, adhérera à l'Alliance Humaine. Souhaitons que la France soit, comme souvent, l'initiatrice du Progrès !

AMORTISSEMENT
DE LA DETTE PUBLIQUE

Parmi les œuvres les plus nécessaires à réaliser, grâce à la suppression des dépenses militaires, se trouve en première ligne l'amortissement de la Dette publique.

Le gouvernement de la République, depuis 1870, a tenu compte, dans ses prévisions d'avenir, du temps éloigné où les chemins de fer Français deviendraient la propriété de l'Etat.

C'est malheureusement là, pour le rétablissement de nos finances, une échéance trop lointaine et bien aléatoire.

La plus élémentaire prudence, en présence de la suppression de la Défense Nationale, est de préparer par l'amortissement, la réduction rapide de la Dette publique.

Plus grande est la Dette et plus rapide doit être son amortissement. Il semble donc logique et équitable de faire deux parts égales de l'économie réalisée grâce au désarmement, l'une pour les Réformes et les travaux d'intérêt public, afin de préparer aussi bien l'avenir social que l'avenir économique du Pays; l'autre pour le remboursement annuel d'une partie de la Dette.

Quand le Désarmement sera réalisé définitivement, quand l'armée et la flotte nationales auront été supprimées pour ne laisser subsister que les contingents de l'Alliance, c'est exactement un milliard de francs qui sera économisé chaque année. Nous avons démontré que ce chiffre est exact et effectif.

Mais nous savons, en outre, que le budget

bénéficiera d'environ deux cents millions d'impôts directs et indirects, quand le demi-million de soldats, rendu à la vie civile, prendra part à la productivité de la nation.

Il y aura donc, en réalité, à envisager l'emploi de douze cents millions de francs, rendus disponibles, en France, par la réalisation de la Paix du Monde.

C'est donc six cents millions à affecter aux Réformes, et six cents millions à mettre annuellement à l'amortissement de la Dette publique ! Si l'on tient compte des intérêts du capital amorti qui, chaque année, augmenteront l'annuité de six cents millions, il est facile de calculer qu'au bout de dix années ce n'est pas six milliards qui auront été amortis mais bien sept milliards. Et, à cette époque, deux cents millions d'intérêts du capital amorti viendront porter l'annuité de remboursement à huit cents millions.

La deuxième décade permettra d'amortir

non pas huit mais bien dix milliards, et, à ce moment, trois cents millions d'intérêts amortis viendront porter l'annuité de remboursement à onze cents millions !

La troisième décade verrait amortir treize milliards, c'est-à-dire qu'en trente années nous aurions remboursé environ trente mil-

	ANNUITÉ de début de chaque décade	CAPITAL amorti	DETTE publique restante
	millions	milliards	milliards
Première année .	600	0	30
Après dix ans. . .	600	7	23
Après vingt ans. .	800	10	13
Après trente ans .	1100	13	0

liards à l'aide d'une annuité de début de six cents millions !

La Dette publique de la France n'existerait

plus ! A ce moment-là, nous aurions la disponibilité de cette annuité de 600 millions jointe à l'intérêt actuel de notre dette, soit environ 900 millions ! Ce serait donc, dans trente années, une ressource totale budgétaire de 1 milliard et demi chaque année en plus de celle de 600 millions affectée dès le début aux Réformes sociales !

Ces chiffres resplendissent d'un tel éclat, qu'il semblerait fou de ne pas faire l'effort nécessaire pour changer un espoir en une réalité splendide !

LA FLOTTE AUXILIAIRE

Parmi tant d'autres emplois des économies réalisées, il y en a un sur lequel il est intéressant d'arrêter son esprit quelques instants.

C'est la création possible d'une flotte auxiliaire.

Chacun sait que notre mariné de commerce se meurt et que le budget annuel consacre en subventions, aux Compagnies de navigation, une somme d'environ trente millions. Si considérable que soit le secours que l'Etat donne ainsi à la marine marchande, nos compagnies périclitent cependant, pour de multiples raisons.

Or, il serait possible de donner à cette Flotte de commerce un regain de vitalité et de prospérité, et cela sans qu'il en coûte un centime aux contribuables, probablement même en supprimant une grosse partie de la dépense annuelle des subventions!

Si incroyable que cela paraisse à première vue, rien n'est plus vrai et nous allons en faire un bref exposé, aussi clair que possible.

Tout d'abord, il faut remarquer que ce qui rend si difficile l'exploitation des sociétés de navigation, c'est l'obligation de consacrer à la création de la flotte nécessaire un nombre considérable de millions, que l'on trouve difficilement dans les capitaux disponibles français, parce que l'expérience du passé a jeté le discrédit sur cette sorte d'industrie.

Si, au contraire, une Société pouvait se fonder en prenant sa flotte en location, nul doute qu'elle trouverait avec facilité le peu de capitaux nécessaires à l'exploitation maritime.

D'un autre côté, l'Etat qui, grâce à l'Alliance Humaine, supprimera sa flotte de guerre, n'aura aucun besoin permanent de navires quelconques, à l'exception de certains bateaux spécialisés soit pour l'hydrographie, soit pour la formation des marins.

Mais si l'Etat, assuré de la Paix, n'a pas un besoin constant de navires, il peut se faire qu'il soit obligé un jour de faire des transports de matériel, de vivres, ou même de soldats ou de miliciens, soit dans l'une de ses colonies, soit dans un pays de l'Alliance à pacifier.

Pour être certain d'avoir, en cette occasion, les navires nécessaires, l'Etat va-t-il entretenir à grands frais une flotte de transports, inutilisée en temps ordinaire, et qui, par cela même, sera inutilisable en cas de besoin ?

Car chacun sait qu'un navire désarmé s'abîme, comme une montre laissée plusieurs années au repos.

Alors, il est facile, il est même naturel de mettre un lien entre les deux nécessités qui se complètent mutuellement.

L'Etat a besoin d'une flotte de transports, bien entretenue, prête à servir à ses interventions imprévues, mais l'Etat veut économiser son entretien annuel.

Le commerce maritime a intérêt à louer sa flotte de cargoboats plutôt qu'à la posséder, et à ce prix peut-être pourra-t-elle vivre et prospérer sans subvention ou avec une subvention réduite.

De là découle tout naturellement l'organisation de la *Flotte auxiliaire*, construite chaque année par l'Etat, sur les chantiers français, à raison d'une dépense modique par rapport au budget naval supprimé, par exemple 30 millions de francs par an, ce qui représenterait 10 beaux navires. Comme la durée d'une de ces unités est de 20 années environ, cela ferait 200 navires appartenant à l'Etat, loués aux enchères par les Compagnies de navigation, entretenus par elles, et payés chaque année de l'intérêt à 3 p. 100 de leur valeur, et de leur amortissement à 5 p. 100, c'est-à-dire en 20 années.

Le navire étant assuré, l'Etat ne courrait aucun risque, et la marine Française, rénovée par cette initiative du gouvernement, retrouverait bientôt son ancienne prospérité !

Rien n'empêcherait d'ailleurs de faire de l'Etat l'associé de la Compagnie quand les bénéfices dépasseraient la rémunération normale du capital de roulement; et ce serait justice puisqu'il aurait commandité en quelque sorte la Compagnie.

A ceux qui trouveraient trop faible l'intérêt de 3 p. 100 donné pour prix de location du navire, on peut répondre que c'est pour l'Etat le taux même auquel il trouve de l'argent. D'ailleurs, au surplus, l'Etat aurait son principal avantage, dans la combinaison indiquée, dans le droit de réquisition de ces navires en cas de nécessité. Il pourrait donc se contenter d'avoir, sans dépenser un centime d'entretien, la flotte de transports nécessaire, toujours disponible. Quant aux Compagnies françaises, libérées de la charge immense du prix de construction des navires, elles trouveraient, dans la location si économique de leur flotte, un élément de prospérité qui contribuerait à replacer la Marine marchande de la France à la place privilégiée qu'elle a perdue pour des causes nombreuses.

Voilà un des bienfaits que peut réaliser le Pacifisme, par l'Alliance Humaine, et cela à brève échéance, dès qu'il serait admis que l'Ere des Dreadnoughts est close, véritable défi porté à la Raison de l'Humanité.

A l'Opinion d'élever la voix, de dire s'il vaut mieux conserver la *Paix armée,* en ruinant le Pays et le Monde, ou faire la Paix du Monde et sa richesse après avoir désarmé les Nations !

EXEMPLES TIRÉS
DE L'HISTOIRE

Que l'organisation de l'*Alliance Humaine* soit possible dans les conditions indiquées — c'est un fait indéniable. Que les Nations se hâtent d'y adhérer, c'est plus que probable, et cela deviendra certain le jour où l'Opinion populaire aura parlé. Et elle parlera dès qu'elle aura la preuve que l'organisation du Pacifisme est possible et facile.

Cette preuve, qui déjà se trouve dans une étude raisonnée du système, existe au surplus dans l'Histoire, et non pas dans l'Histoire ancienne, mais bien dans celle des événements internationaux les plus récents.

En Amérique nous assistons, pendant le xixe siècle, aux luttes fratricides entre le Pérou et le Chili, entre le Chili et l'Argentine, entre le Brésil et la Colombie, entre le Guatémala et le Salvador. Chacune de ces nations entretient des armées ruineuses pour les finances publiques, et cette politique de défiance et de rivalité paraît d'autant plus inique que tous ces pays ont le même langage, et que leur population a la même origine.

Après cent ans de luttes et de dépenses, les gouvernements sont enfin arrivés à reconnaître le tort mutuel qu'ils se faisaient. Sans parvenir à se constituer en Etats fédérés, ils ont désarmé d'un commun accord et la paix règne dans ce continent, après tant de guerres sanglantes.

L'Extrême-Orient nous donne une preuve plus précise encore de la possibilité de l'organisation internationale.

La Chine se révoltait en 1896 contre les Etrangers.

On crut, en Europe, que la population Européenne de Pékin allait être massacrée en même temps que le personnel des Légations.

Il fallut cette crainte pour supprimer les rivalités entre cabinets et faire accepter la formation d'une expédition internationale. Et l'on vit un maréchal Allemand commander à des troupes de six nationalités différentes. Pas un incident sérieux n'a marqué cette campagne.

Or, quelle différence entre cette armée de Chine et celle que nous demandons aux Nations? Seule la permanence lui manquait. Mais la permanence est un élément de simplification et non de difficulté. Rien ne vaut de créer sur le moment un organe nouveau pour un but particulier. Outre les délais nécessaires et les difficultés de toute improvisation, il faut compter avec les rivalités possibles si l'entente n'est pas permanente.

En tous cas cette campagne de Chine est une preuve historique frappante que rien ne saurait être invoqué contre l'organisation des contingents de l'Alliance Humaine.

Dira-t-on que la preuve n'a pas été faite sur mer ? Elle existe dans la flotte des cinq puissances envoyées en Crète sous les ordres de l'amiral français en 1902 et dont les résultats furent brillants.

Et elle existe encore, en cette même année 1909, dans la nouvelle flotte que les quatre puissances protectrices ont envoyée en Crète, pour s'opposer d'un côté à l'annexion de l'île par la Grèce, et de l'autre à une invasion turque.

Ainsi la preuve historique est faite de la

possibilité d'entretenir des armées internationales de terre et de mer, dans le but de contraindre un pays récalcitrant, ou de prévenir une guerre funeste.

Mais l'histoire moderne nous donne encore d'autres arguments.

Elle nous fournit la preuve de la possibilité d'organisation du pacifisme, telle que nous la concevons.

Nous avons dit et expliqué que pour atteindre au résultat voulu, il était indispensable et suffisant d'instituer la Justice humaine dont l'organe exécutif serait l'armée internationale.

Eh bien ! cette justice humaine a déjà fonctionné à plusieurs reprises, et il ne manque là aussi que la permanence des institutions pour réaliser notre conception.

La Conférence d'Algésiras a-t-elle été autre chose que notre Cour de justice ?

L'Allemagne nous appelait devant le tribunal international, prétendant que notre action portait atteinte, au Maroc, aux droits des autres nations. Et la Conférence d'Algésiras, jugeant en dernier ressort, affermissait la paix troublée un instant, en définissant les droits et les devoirs de chacun, dans le sultanat trop convoité.

Et aujourd'hui n'est-ce pas un jugement exécutoire que rendent les quatre puissances protectrices de la Crète quand leur action combinée s'oppose à la guerre, d'un côté en obligeant les Crétois à supprimer de l'île le drapeau grec, d'autre part, en défendant à la Turquie de débarquer des troupes en Crète ?

Et surtout le Tribunal de la Haye n'est-il pas la preuve de ce que pourrait le tribunal international, permanent, s'il avait à son côté l'organisme indispensable à la consécration de ses sentences : l'armée des nations ?

Dira-t-on que puisque le tribunal d'arbitrage de la Haye existe, point n'est besoin de

faire plus puisque toute Nation désireuse d'é-
viter la guerre en acceptant l'arbitrage, peut
être certaine d'y être écoutée ?

Mais c'est justement quand une des nations
refuse de s'en remettre à l'arbitrage que l'impuissance du tribunal de la Haye apparaît.

Et si ce tribunal a pu résoudre facilement
tous les conflits secondaires qui jamais n'auraient engendré la guerre, il n'a pas encore
obligé une seule Puissance à accepter l'arbitrage dans les circonstances graves où l'honneur national pouvait être en jeu.

Tant que la Justice humaine n'aura pas été
organisée, les conflits graves se résoudront,
soit par une guerre sauvage comme celle des
Russes et des Japonais, soit par l'intimidation
du plus faible, quand la nation spoliatrice en
imposera à sa victime.

La Turquie est restée muette devant l'Autriche et la Bulgarie dont la supériorité militaire était écrasante; elle menace au contraire

la Grèce dont elle se croit capable de venir à bout.

Le monde civilisé admettra-t-il plus longtemps que seule la force brutale puisse peser dans la balance de la justice internationale ?

Le moyen d'obliger les nations à respecter le droit d'autrui est facile à établir.

L'opinion doit prendre parti, car c'est elle en dernier ressort qui imposera sa volonté implacable ?

FONDATION
DE L'ALLIANCE HUMAINE

Pour réaliser la paix du monde et organiser l'Alliance nécessaire entre les Nations, on pourrait se contenter de répandre dans les populations l'idée et le programme du *pacifisme*, en attendant qu'un gouvernement se décidât à engager des pourparlers avec un autre gouvernement de bonne volonté.

Cependant ce serait avoir beaucoup de naïveté que de compter sur l'initiative de ceux qui, détenant le pouvoir, auraient pu depuis longtemps réaliser la Paix du monde, s'ils avaient voulu le faire !

Il est donc nécessaire de prendre les devants, et de créer cette Alliance Humaine avant même qu'une Puissance quelconque y ait adhéré. On pourra voir alors quels seront les gouvernements qui s'honoreront par la suite en se groupant autour d'elle ?

Donc aujourd'hui même est fondée l'*Alliance Humaine !*

Comme un palais somptueux qui n'attend que ses hôtes, elle est prête à recevoir l'adhésion des Etats ?

Son statut est définitivement établi ; son règlement connu. Bientôt l'opinion sera assez puissante pour obliger les nations à s'y faire inscrire.

RÈGLEMENT
DE L'ALLIANCE HUMAINE

L'Alliance Humaine est constituée à Paris.

Elle reçoit l'adhésion des gouvernements qui s'engagent à se conformer à son règlement.

Une simple déclaration suffit, signée par le chef de l'Etat, et conforme au modèle suivant:

« Nous, empereur, roi ou président de.....

« ......, déclarons adhérer, pour notre pays,

« à l'Alliance Humaine.

« Nous nous engageons solennellement, au

« nom de...... à ne jamais faire la guerre;

« et en cas de difficulté, à demander justice
« à l'Alliance.

« Nous nous engageons à entretenir les
« contingents règlementaires et à supprimer
« nos armées permanentes au fur et à me-
« sure de *l'adhésion de nos voisins*.

« Nous connaissons et approuvons le rè-
« glement et en particulier les principes fon-
« damentaux de l'Alliance Humaine : Main-
« tien du statu quo international ; non inter-
« vention en cas de conflit à l'intérieur d'un
« pays; enfin consécration de tout nouvel
« état de choses, réellement et effectivement
« réalisé. »

Le règlement de l'Alliance est le suivant :

Constitution

ARTICLE PREMIER. — *L'Alliance Humaine*
est l'association des Puissances décidées à
supprimer la guerre.

Toute Puissance alliée a les mêmes droits et les mêmes devoirs : *droit* à la paix et à la sécurité garanties par l'Alliance ; *devoir* de respecter la paix, et de mettre à la disposition de l'Alliance les contingents déterminés.

Les nations sont représentées également dans chaque assemblée de l'Alliance.

La présidence appartient chaque mois dans chaque assemblée à l'un de ses membres, d'après l'ordre d'adhésion des Puissances.

1° Le POUVOIR JUDICIAIRE comprend :

La *Cour de justice* avec un « *Juge des nations* » et un « *juge suppléant* » par nation.

La *Cour suprême* avec un « *conseiller suprême* » par nation.

2° Le POUVOIR EXÉCUTIF comprend :

Le *Comité exécutif* avec un « *conseiller exécutif* » par nation.

Le *Comité de défense* constitué par la réunion des deux suivants :

Comité technique des armées avec un chef d'armée par nation.

Comité technique des flottes avec un chef d'escadres par nation.

3° Enfin le POUVOIR CONSTITUANT appartient :

Au *Congrès de l'Alliance Humaine* formé par la réunion des *conseillers de la Cour suprême,* et des *conseillers du Comité exécutif.*

Dans chaque assemblée, un membre présenté par une nation n'est nommé définitivement que s'il est agréé par l'unanimité des membres de cette assemblée.

Dans toutes les Assemblées de l'Alliance, le scrutin est personnel ; les bulletins de vote sont remis au président pliés et signés.

Le *Journal officiel* rend compte de tous les scrutins avec le vote de chacun des membres.

Principes fondamentaux

Art. ii. — Les principes fondamentaux de l'Alliance sont les suivants :

1° La paix sera maintenue et au besoin imposée par l'Alliance dans tous les cas où une nation alliée sera en cause ;

2° Le *statu quo* international sera consacré et maintenu ;

3° L'Alliance interviendra par la force pour empêcher la guerre.

4° L'Alliance n'interviendra pas dans un conflit intérieur à l'une des nations.

5° Si une *province* ou une *population* se rend indépendante effectivement et définitivement, l'Alliance devra enregistrer et consacrer le fait accompli et reconnaître à cette province ou à cette population la nationalité de son choix. La Cour suprême sera juge de ces événements; elle rendra une *Ordonnance* consacrant le fait accompli.

Contingents de l'Alliance

Art. iii. — Chaque nation entretiendra des contingents proportionnés à sa population :

Sur terre, 2 hommes par 1.000 habitants.

Sur mer, 1 cuirassé par 10, 15 ou 30 millions d'habitants, suivant que la nation se considérera elle-même comme maritime, mixte ou continentale ; ou même aucun cuirassé si elle est privée de tout littoral.

L'entretien des contingents sera à la charge de chaque nation; mais le comité technique de l'Alliance réglera les questions d'armement, d'habillement et d'administration.

Chaque nation pourra conserver tout ou partie de son ancienne armée, à côté de ses contingents, mais seulement jusqu'au jour où tous ses voisins directs feront aussi partie de l'Alliance.

Le droit de réquisition des contingents appartiendra uniquement au *Comité exécutif* agissant par l'intermédiaire du conseiller exécutif de la nationalité intéressée.

Chaque contingent sera maintenu en temps normal, dans son propre territoire, où il pourra assurer l'ordre et la sécurité à côté des forces de police que chaque Etat sera libre d'entretenir.

Chaque contingent restera toujours sous les ordres de son chef d'armée, même en cas de réquisition pour une campagne.

Les contingents réunis seront, pour chaque expédition, commandés par l'un des chefs de contingent, d'après un tour de roulement. S'il s'agit de la défense d'une puissance alliée, ils seront commandés par le chef du contingent de cette puissance.

Pouvoir exécutif

Art. iv. — Le *Comité exécutif* ne pourra ordonner une opération militaire ou mari-

time que dans deux circonstances bien définies :

1° Une nation alliée est attaquée ou en danger de l'être. Elle a réclamé l'aide de l'Alliance. La Cour suprême, renseignée, a rendu
une *Ordonnance* chargeant le Comité exécutif
de défendre la Puissance alliée;

2° Un conflit a éclaté entre nations dont
une au moins fait partie de l'Alliance. Celle-
ci a demandé justice. La Cour a rendu un *jugement*, confirmé par la Cour suprême. La
sentence exécutoire a été signifiée. Mais l'Etat
condamné refuse de s'y soumettre.

Dans ces deux cas, l'opération militaire est
déterminée par le Comité exécutif qui délègue
un ou deux de ses membres pour suivre l'exécution de ses ordres. L'opération n'est jamais
un acte de guerre mais bien un acte d'apai-
sement ou de coercition.

Enfin le Comité exécutif, par l'organe de
son président, représente l'Alliance. Toutes

les ordonnances, tous les jugements sont contresignés par lui et publiés dans le *Journal officiel de l'Alliance Humaine.*

Le président du Comité exécutif représente la plus haute magistrature de l'humanité. Investi de cette fonction temporaire, le président a droit à des honneurs spéciaux : honneurs souverains, dignes de la puissance immense à laquelle il commande pour le maintien de la paix du monde.

Le titre de président d'honneur du comité exécutif peut être accordé pour services extraordinaires à un ancien président de ce comité, mais seulement à l'unanimité des conseillers exécutifs, et pour des services effectifs qui doivent être mentionnés dans le décret de nomination.

Le comité exécutif rend des *décrets* signés de son président et immédiatement exécutoires quand ils ont été contresignés par le président de la Cour suprême après délibération.

La Cour suprême ne peut d'ailleurs refuser l'homologation d'un *décret* que lorsqu'il est en contradiction avec le règlement de l'Alliance, et surtout avec les principes fondamentaux. Tout décret doit en outre se rapporter à la mission pacifiste de l'Alliance et à l'exécution des ordonnances et jugements exécutoires.

Caisse de l'Alliance

ART. v. — Les dépenses occasionnées par une opération militaire sont évaluées par chaque contingent et remboursées à chaque nation par la caisse de l'Alliance. La nation alliée ou non, reconnue responsable par la Cour suprême doit verser à la Caisse de l'Alliance une somme double des dépenses d'intervention.

La Caisse de l'Alliance est donc alimentée par les pénalités encourues.

Elle reçoit en outre la cotisation de chaque puissance qui lui verse trois annuités égales chacune à la dépense annuelle d'entretien de ses contingents (soit un million par mille hommes de troupes et 6 millions par cuirassé).

L'Alliance rémunère les membres de chacune de ses assemblées.

Outre les frais de déplacement qui leur sont remboursés, les hauts représentants de l'Alliance reçoivent un traitement.

Pouvoir judiciaire

ART. VI. — Le pouvoir judiciaire fonctionne de la façon suivante :

La *Cour de justice* départage les parties en litige, en rendant un jugement à la majorité. Les juges des nationalités en cause ne siègent pas. Les parties se font représenter par des avocats. Le jugement rendu à une majorité supérieure aux trois quarts est définitif.

Le jugement rendu à une majorité inférieure aux trois quarts peut être frappé d'appel par les parties en cause.

La *Cour suprême* rend ses jugements à la majorité ; ils sont définitifs. Tout jugement définitif est signifié aux parties en cause par le Comité exécutif, chargé d'en assurer l'exécution. La Cour suprême rend également des *Ordonnances* quand, la paix risquant d'être troublée, une nation appelle l'Alliance à son aide. L'Ordonnance est immédiatement exécutoire.

Drapeau de l'Alliance

ART. VII. — L'Alliance Humaine a comme emblème un drapeau blanc avec un soleil rouge d'où s'échappent cinq rayons verts.

Le soleil rouge avec rayons verts se retrouve sur les uniformes de tous les contingents.

Quand ils sont réquisitionnés, les contingents perdent leur propre nationalité ; ils ne dépendent que de l'Alliance !

Pouvoir constituant

ART. VIII. — Pour modifier le règlement, ou pour délibérer utilement sur les questions de principe, le Congrès de l'Alliance se réunit une fois par an réglementairement, et extraordinairement sur la demande du quart de ses membres.

Font partie du Congrès les conseillers du Comité exécutif et les conseillers de la Cour suprême.

Le Congrès délibère utilement sur toute proposition présentée par le quart au moins de ses membres.

Le Congrès ne peut modifier son règlement et ses principes que par un vote unanime.

Tous les votes du Congrès sont reproduits au *Journal officiel* : les décisions prises à l'unanimité, ainsi que les vœux adoptés à la majorité. Ces derniers ne sont pas exécutoires. Le *Journal officiel* mentionne le vote de chacun des membres du Congrès.

Trois spécimens

ORDONNANCE DE LA COUR SUPRÊME

L'Alliance Humaine,

Ayant reçu de Sa Majesté le Roi de A., *puissance alliée,* notification d'un ultimatum à lui adressé par le gouvernement de B., puissance réfractaire,

La Cour suprême,

Réprouvant l'emploi d'un moyen barbare d'intimidation,

Décidée à empêcher une guerre entre ces deux pays,

Mais, avant tout, chargée de garantir la sécurité et la paix des nations alliées,

Ordonne :

L'Alliance Humaine réquisitionnera à l'instant les contingents nécessaires pour imposer la paix à la puissance B. Celle-ci sera contrainte à rembourser à l'Alliance le double des frais d'intervention.

Le Président de la Cour suprême.

DÉCRET DU COMITÉ EXÉCUTIF

L'Alliance Humaine,

Vu l'ordonnance de la Cour suprême en date du

Considérant la force et le nombre des armées de B.,

Le Comité exécutif décrète :

Les contingents de terre des puissances alliées X, Y, Z, sont réquisitionnés. Ils devront être rendus dans le plus bref délai sur le territoire de B, qu'ils occuperont tout le long de la frontière commune à A, et sur une profondeur d'environ 20 kilomètres. La direction des opérations sera confiée au chef du contingent de A.

Deux conseillers exécutifs de L et de R se rendront sur les lieux et suivront les opérations, pour tenir le Comité au courant des événements. Ils auront tout pouvoir pour prendre les mesures indispensables en cas d'urgence.

Les contingents de mer des puissances alliées M, O et Q, sous l'autorité du chef d'escadres de O, feront une démonstration immédiate sur la côte de B.

L'Alliance Humaine pourrait ruiner et incendier les deux grandes villes maritimes de B sous le feu des canons de l'escadre alliée, la puissance B n'ayant pas de flotte ; mais elle réprouve ces procédés barbares, et elles mettra son soin à imposer la paix à B sans faire couler le sang. La flotte se contentera donc d'opérer un blocus rigoureux de la côte.

Le Président du Comité exécutif.

DÉCISION DU CONGRÈS

Le Congrès, réuni en séance ordinaire le.. ......, a voté à l'unanimité la modification suivante à son règlement.

Sur la proposition de 12 membres sur 20, la question suivante avait été posée :

« L'Alliance peut-elle, en présence d'un Etat réfractaire, intervenir par la force pour lui imposer le désarmement ? »

Après en avoir délibéré,

Considérant que le maintien des armées permanentes par une seule nation peut être de nature à empêcher le désarmement des états voisins alliés, à leur porter préjudice, à leur enlever toute sécurité, à ruiner leur population,

Considérant qu'en présence de voisins adhérents à l'Alliance, c'est-à-dire partisans du désarmement, et ayant réduit leurs forces au minimum, le refus de consentir à marcher dans la même voie ne peut être considéré que comme une menace permanente pour ces voisins, et un danger de tous les instants pour l'humanité ; qu'une telle attitude manifestement contraire aux tendances générales de toutes les nations ne peut être tolérée plus longtemps par l'Alliance Humaine ;

Considérant que le but constant de cette organisation doit être de supprimer la guerre *le plus tôt possible,* et *par tous les moyens possibles* et que les nations alliées seraient en droit de lui reprocher son indulgence et sa faiblesse à l'égard d'un Etat dangereux pour toutes ;

Considérant encore que s'il est regrettable d'user d'un moyen brutal de coercition, il est plus fâcheux encore de risquer le déchaînement de la guerre ; que d'ailleurs il n'y a d'autres moyens que des moyens brutaux pour réussir à mettre les malfaiteurs dans l'impossibilité de nuire.

Mettant enfin la responsabilité de l'intervention nécessaire sur le compte de l'esprit routinier et barbare du gouvernement qui refuse de désarmer, en présence de la volonté évidente de l'humanité entière d'inaugurer enfin une ère de paix,

Le Congrès décide:

« L'Alliance Humaine interviendra toutes les fois qu'il sera possible, pour obliger au désarmement une puissance réfractaire, en lui offrant dans l'Alliance la place qui lui revient, avec la garantie de la paix et de la sécurité. »

Le Président du Congrès.

LIGUE
DE L'ALLIANCE HUMAINE

Afin de répandre dans le grand public l'idée du *pacifisme*, et surtout pour entraîner l'Opinion à une action effective et énergique, capable d'imposer aux gouvernements la réalisation d'une ère de paix par l'adhésion des Etats à l'*Alliance Humaine*, une ligue de propagande est formée entre tous ceux qui adhèrent au système de l'Alliance.

C'est la Ligue de l'Alliance Humaine.

Elle organisera la propagande, les voyages d'étude, les conférences ; elle répandra les brochures de la Ligue, les notices mensuelles rendant compte des progrès accomplis, des adhésions rcueillies.

En un mot la *Ligue* sera l'organe de préparation de l'opinion pour amener les populations à forcer la volonté des gouvernements et à leur ' imposer d'adhérer à l'Alliance Humaine.

Un journal aussi fréquent que possible, l'*Alliance Humaine*, exposera les théories pacifistes et surtout expliquera les rouages de l'Alliance et son fonctionnement. Il répondra aux objections des journaux réfractaires, et aux attaques de ses adversaires.

Mais si le succès est certain, dans un avenir plus ou moins éloigné, il n'est que trop évident que l'extension de l'idée pacifiste fera des progrès d'autant plus rapides que la Ligue de l'Alliance pourra plus facilement utiliser tous les organes de propagande sur lesquels elle compte.

Pour cela il lui faut des ressources financières, et nous faisons aux privilégiés de la fortune un appel pressant pour les décider à donner à la Ligue de l'Alliance le moyen d'action qui lui manque encore: l'argent. Qui sait de combien de mois, de combien d'années une certaine somme d'argent hâtera la réalisation de l'Alliance !

Combien de philanthropes ont fait des dons merveilleux pour des œuvres moins indispensables que la suppression de la guerre !

Et combien de philanthropes se plaignent de ne pas connaître une œuvre vraiment intéressante !

Souhaitons que l'appel de la Ligue ne reste pas vain et qu'il soit entendu et compris !

Objet de la Ligue

La Ligue se tient absolument à l'écart de toute polémique soit religieuse, soit politique, soit sociale. Elle n'a qu'un objet, qu'un idéal : *la Paix du monde*, et plus précisément : *la suppression de la guerre* par l'Alliance Humaine.

Insigne de la Ligue

L'insigne de la Ligue est la réduction de son drapeau : un soleil rouge sur fond blanc, d'où émanent des rayons verts ! Les ligueurs s'engagent à porter leur emblème publiquement le plus souvent possible.

RÉPONSE
A M. FRÉDÉRIC PASSY

Pour être sincère, il faut avouer que, dans la bienveillance générale de la Préface que l'illustre apôtre de la Paix, Frédéric Passy, nous a fait le très grand honneur d'écrire, apparaît clairement une critique assez vive de notre étude.

Résumons-là.

1° « *L'idée d'organiser des milices internationales n'est pas absolument nouvelle. Elle a déjà été formulée, quoique en termes imprécis.* »

Soit, notre intention n'étant pas de revendiquer une primauté quelconque à ce sujet, nous n'insisterons pas sur ce point. Remarquons pourtant que nous avons voulu justement prouver, en en précisant les détails, la possibilité et la facilité de réalisation de cette idée.

2° « *L'œuvre des Pacifistes, couronnée par les deux conférences de la Haye et l'institution du Tribunal permanent d'arbitrage, mérite plus d'éloges que nous ne lui en décernons.* »

Est-ce bien notre rôle de faire l'apologie de l'œuvre déjà accomplie? Fut-elle vraiment magnifique ? Convenons-en. Mais elle fut incomplète, et il ne pouvait en être autrement!

Oui ou non la Paix est-elle organisée définitivement? Oui ou non, la guerre est-elle supprimée? Hélas, il serait cruel d'insister!

Pourquoi engloutit-on chaque année huit milliards de francs ? Pourquoi cinq millions d'hommes armés montent-ils constamment la garde le long des frontières?...

Hier, c'était la guerre; chacun attend avec effroi celle de demain! Il faut en finir.

3° « *Le système de l'arbitrage, préconisé par les Pacifistes, n'a pas subi l'échec que nous prétendons!* »

S'il fallait, pour qualifier l'arbitrage, choisir entre deux termes extrêmes, *mauvais ou bon*, sans aucun doute, nous le qualifierions de *bon*, voire même de *très bon.* Pour un affamé, le moindre croûton de pain devient un régal.

Mais, *oui ou non*, l'arbitrage a-t-il supprimé la guerre, et le pourra-t-il faire un jour?

Personne ne peut le croire; et nous en avons donné dans cette étude les raisons naturelles: il faudrait pour cela que les hommes, comme les Etats, fussent parfaits!...

4° « *D'ailleurs et surtout, le moment n'est pas encore venu de franchir la dernière étape qui doit conduire à la Paix du Monde!* »

Contre cette critique, écrite pourtant par la plume la plus autorisée, nous voulons protester avec la plus vive ardeur!

Pourquoi donc le moment ne serait-il pas venu d'agir?

Parce que l'Opinion n'est pas préparée? Mais alors, préparons-la. Du reste, ce n'est pas l'Opinion qui a besoin de l'être. Ce sont les gouvernements, les chefs d'Etat héréditaires, les grands dignitaires des armées et des flottes et tous les industriels, tous les commerçants qui profitent des besoins de la Défense nationale.

D'ailleurs, si le moment d'agir n'était pas venu, quand donc viendrait-il jamais? A toute époque, le *Pacifisme* aura contre lui ceux qui vivent de la guerre ou de sa préparation. A toute époque, on pourra dire que le *Désarmement* fera courir des risques à celui qui s'y résoudra le premier.

Pour qu'il soit enfin temps de supprimer la

guerre, faudra-t-il que le monde ait assisté encore une fois aux massacres de Moukden, de Port-Arthur et de Tsu-Shima? Faudra-t-il aussi que les peuples, ruinés par les dépenses stériles et folles de la Paix armée, se soient soulevés contre leurs dirigeants aveugles ?

Oui, le moment est bien venu de déclarer *la guerre à la guerre!* ou alors il ne viendra jamais.

Nous avons expliqué pourquoi, au contraire, le moment est favorable et notre étude propose justement un système d'organisaion pour l'application duquel il n'est besoin ni de beaucoup de monde, ni d'argent, ni surtout de temps.

M. Frédéric Passy raille légèrement la confiance que nous manifestons dans le système de l'Alliance Humaine, quand nous disons:

« Cinq représentants par puissance, quelques semaines d'organisation peuvent rendre la Paix du monde définitive. »

Et pourtant, quoi de plus vrai?

Le jour où l'Opinion sera acquise à notre système, le jour où les peuples voudront la Paix, c'en sera fait immédiatement de la Guerre et de la Défense nationale.

Le doute et la critique sont faciles; encore doivent-ils être précis! Quel est le point faible du système de l'*Alliance humaine?*

N'est-elle pas réalisable?

N'est-elle pas réalisable sans long retard?

Et réalisée, ne donnera-t-elle pas au monde une paix absolue et définitive?

Entre la critique de l'illustre maître et notre confiance robuste, nous attendons le Jugement décisif et suprême de l'Opinion publique. Le monde tout entier donnera son avis et dictera sa volonté.

A ceux qui hésitent et murmurent: « Il est trop tôt ! » l'Humanité révoltée affirmera : « Il n'est que temps ! *La Paix est déclarée !* »

TABLE DES MATIÈRES